日本の戦争史
通説のウソ

日本史の謎検証委員会 編

彩図社

はじめに

世界の歴史は、戦争によって大きく塗り替えられてきた。それは日本史も例外ではなく、古代より繰り返されてきた戦争によって時代は変化している。

記録に残るなかで史実とされる最初の戦乱は、中国の史書「魏志倭人伝《ぎしわじんでん》」などに記された「倭国大乱《わこくたいらん》」だ。2世紀後半に起きたとされるこの戦いは、日本が倭国と称されていた頃の内乱で、30あまりの国々が争った結果、一人の女王を立てることで平定された。この女王が邪馬《やま》台国《たいこく》の卑弥呼《ひみこ》である。

その後、時代は下って昭和20年（1945）に終結した太平洋戦争まで、数多くの戦乱を日本は経験した。戦乱は歴史のターニングポイントになることが多いため、教科書のみならず、書籍やドラマ、映画などで何度も語られてきた。勝利を得るために考案された戦術が描かれることもあれば、軍隊を率いたリーダーや類まれな活躍を果たした人物が掘り下げられることもある。政治的な問題に視線を向けたものも少なくない。

ただ、そうして語られてきた歴史常識が、必ずしも正しいとは限らない。これまで正しいとされてきた歴史常識でも、史料の発見や研究の成果により、新しい解釈が浮上しているからだ。

飛鳥時代、蘇我《そが》氏と物部《もののべ》氏が対立した「丁未《ていび》の乱」を例にしよう。丁未の乱は崇仏《すうぶつ》派と排仏《はいぶつ》派の戦いだとされ、戦いの結果、仏教の導入が加速したと考えられていた。だが実際には、戦いの前から渡来人が仏教を信仰していたことなどから、必ずしも丁未の乱だけが仏教の普及に影響を与えたとはいわれなくなった。

また、平安時代末期に起きた「治承《じしょう》・寿永《じゅえい》の乱」をめぐる解釈も変化した。源平合戦とも呼ばれるように、一般的には源氏と平氏の戦いだというイメージが強いが、実は反平氏勢力全般が平氏に敵対していたのであり、研究者の間では源氏以外の諸勢力の動きにも注目が集まっている。

さらに江戸時代初期に起きた「島原の乱」は、キリシタンによる宗教闘争という考えが否定され、重税に耐えかねた農民と、それに加担する浪人たちによる一揆だという説が有力だ。ただし近年は、やはりキリシタンにおける宗教闘争であったとの新説も注目されており、これまでの歴史常識を揺るがしている。

そして史料が多く残る近代史においては、新しい解釈や発見が相次いでいる。例えば武装を解除され、軍隊が解体された太平洋戦争後においても、日本は戦争と無縁ではなかったことが、近年明らかになった。朝鮮戦争に従軍し、戦場で銃を手にした日本人がいたのである。

本書ではこのような、戦争にまつわる新常識・新説を、計四章を通じて紹介していく。第一章では人物に焦点を当て、第二章では戦術戦略、第三章は政治、第四章では戦後がテーマである。時代範囲としては、『日本書紀』に書かれた6世紀の戦乱から、20世紀の太平洋戦争・朝鮮戦争までの戦いを網羅している。一項目ごとに内容が完結しているため、気になるテーマや時代から読んでいただきたい。

あらゆる戦争には原因があり、勝者と敗者に分かれ、戦いの後には影響が残る。その流れを意識しつつ、わりやすさを心掛けて通説の変化について執筆した。戦争をめぐる通説はいかに変わったのか？　気になる方はぜひ読み進めてもらえると幸いである。

最新研究でここまでわかった

日本の戦争史 通説のウソ

◆目次

第二章　戦術戦略にまつわるウソ

第三章　政治にまつわるウソ

第四章　戦後にまつわるウソ

日露戦争時の歩兵第８連隊。９月３日の、遼陽西方における戦闘をとらえている。日露戦争の戦況は連日新聞で報じられ、乃木希典や東郷平八郎が指揮をとった戦いの情報が、誌面に踊った（「日露戦役写真帖」国会図書館所蔵）

第一章

人物にまつわるウソ

――戦争の英雄と悪人の実像――

01

織田信長が室町幕府を軽んじていたというのはウソ

通説

織田信長は15代将軍・足利義昭《あしかがよしあき》を擁立することで、京の支配を目論んだ。織田家が京を掌握するために、権威のある将軍を利用しようとしたのだ。これに反発した義昭は各地の有力大名と結託し、反信長同盟の旗頭として挙兵する。しかし、信長に敗北して都を追われ、室町幕府は滅亡することになった。

将軍足利義昭《模本》（左）と織田信長《模本》（右）（東京大学史料編纂所所蔵）

真相

京の支配は、あくまでも**将軍と信長の協調関係**の上で成り立っていた。その関係性が崩れたのは、義昭が秩序を乱すような行動を重ねて、信長の期待を裏切ったからだった。また、信長包囲網は反信長大名が自主的に形成したもので、義昭は後入りしたに過ぎなかった。

なぜ信長と足利将軍は対立したのか

足利義昭は、織田信長が擁立した傀儡《かいらい》将軍だとされてきた。義昭は出家して奈良興福寺の一乗院《いちじょういん》に身を置いていたが、兄の13代将軍義輝《よしてる》が有力大名の三好家《みよしけ》の襲撃を受けて死亡すると、幕府再興を宣言して大名に協力を仰いだ。それに応えた信長の支援で上洛を果たし、将軍に就任することができたのだ。

通説では、幕府は信長が牛耳り、義昭は政治的実権を持てなかったとされてきた。しかしそれは誤りで、**信長は幕府による支配を重んじ、義昭と協力関係を築いていた**のである。

この頃の幕府運営は、家臣が審議・裁定したことに義昭が裁可を下し、奉行人が奉書《ほうしょ》を発給することで進められた。この過程に、信長の介入を示す史料はない。信長は将軍の認可の下で裁判結果の執行、執務、軍事に携わっており、逸脱した行動は取っていない。

義昭政権からしてみれば、入京したばかりで幕府は不安定だったため、信長の支援は必要不可欠であった。信長としても、幕府を軍事・司法面で補助して共同統治することを目指したのだろう。室町将軍が三好・六角《ろっかく》などの有力大名と共同で統治した前例と、似たような状況である。

両者の共生関係が崩れたのは、義昭に原因があった。義昭は諸大名に馬や鷹の献上を催促したり、一度決定した判決に対して処罰を勝手に追加するなど、**将軍らしからぬ行動が目立った**。さらには朝廷との関係を軽視し、身内をひいきして恩賞を与えたこともあった。

こうした身勝手な行動を諫《いさ》めるべく、信長は永禄《えいろく》13年（１５７０）1月、義昭に五箇条の条《じょう》書《しょ》を提出した。将軍の命令や裁定を再審議すること、諸国への命令を信長へ通すことなどが書かれた史料だ。これまでは信長の野望の表れだと解釈されてきたが、現在は将軍と織田家の役割を確認し合い、乱れがちな姿勢を正すことが目的だったと考えられている。

ところが信長が諫めても、義昭は制約を守らなかった。すると2年後、信長は義昭に十七箇

◎信長が義昭に送った十七カ条の意見書概要（一部）

・宮中への参内を怠らないよう注意
・諸国の大名に馬の献上を催促するのをやめるよう注意
・幕府の忠臣ではなく身分の低い新参者に恩賞を与えることを注意
・信長と義昭の関係が悪化したと噂になっていると苦言
・賀茂神社から没収した社領を配下に与えたことに苦言
・落ち度のない者にいつまでたっても恩賞を与えないことに苦言
・信長の進言した裁判になんの進展もないことに苦言
・喧嘩で死んだ者の刀などを法的処置に基づかず没収したことに苦言
・宮中に改元にかかる費用を少しも出さないことに苦言
・金銀を蓄えていることを非難
・明智光秀が徴収した金銀を差し押さえたのは不当だと苦言
・義昭が兵糧米を売ったことを注意
・世間一般の人々が義昭を非難していると記述

条の意見書を送り、彼の行動を問題視している。意見書は義昭にとって耳の痛い内容で、かつてはこれが義昭に信長包囲網形成を促したと考えられた。

だが実際には、この段階では両者は対立していなかった。信長包囲網は信長に敵対する武田信玄ら諸大名がつくったもので、義昭は関与していない。むしろ義昭は、織田・徳川方が武田と対立した際には信長らを支持し、武田に和睦を要請したぐらいだ。**義昭が織田家を裏切ったのは、信玄から信長を糾弾する書状が送られ、さらには信長包囲網側が優勢になったことなどを知ってから**である。

これに対して信長は、意外にも実子を差し出して非礼を詫びている。この時点においても、**信長は義昭と対立することを避けようとしている**のだ。

だが義昭が許さなかったことで、なし崩し的に幕府と信長の対立は深まったのだった。

02

武田信玄が上洛途中に織田領へ進軍したというのはウソ

通説

武田信玄は、織田信長に最も恐れられた戦国大名だ。同じ天下を狙う者として、両者は常に敵対関係にあった。その緊張は、信玄が上洛を開始した元亀《げんき》3年（1572）にピークに達する。上洛中に反信長勢力の要請を受け、信玄が信長領である尾張《おわり》国（愛知県）へと進軍したのだ。信玄の病死によって武田軍は撤退したものの、信長領に到達していたら、織田家は滅亡必至の状況に追い込まれていたかもしれない。

三方ヶ原の戦いを描いた明治時代の錦絵（楊洲周延「味方ヶ原合戦之図（部分）」）

真相

信玄の目的は上洛ではなく、**織田家領と徳川家領への進軍**だった。信玄が亡くなるまでの半年間、織田と武田は対立していたからだ。ただし、それ以外の時期には織田家と武田家は婚姻を結ぶなどしており、なるべく戦を避けようとした。

ライバルではない信長と信玄

武田信玄は、甲斐《かい》国（山梨県）から中部・関東に領土を広げた戦国大名で、上杉謙信とも渡り合った実力者だ。そんな信玄が晩年に衝突したのが、織田信長である。

元亀3年（1572）10月、信玄は尾張への進軍を開始した。進軍の途上の三方ヶ原《みかたがはら》においては、織田家と同盟を結ぶ徳川家康の軍を破っている。翌年4

月に信玄が病死したことで進軍は中止となったものの、もし長生きしていれば、信玄は上洛を果たしていただろう――。時代劇や小説でよく目にする描写である。

しかし、そうした描写は史実とは異なる。信玄の目的は上洛ではなく、織田と徳川の打倒を目的にしていたとする説が現在では有力だ。

通説では、足利義昭が信長包囲網を構築し、その一環として信玄が織田を攻めたとされてきた。だが実際には、**義昭が信長包囲網に参加するのは三方ヶ原の戦い以後**である。信玄が家康を下したという報を聞き、義昭は信玄との提携を強化しようとしたのだ。

信玄が織田領を攻めたのは、**武田家と徳川家との関係悪化**が影響している。

両者は今川義元《いまがわよしもと》亡き後、今川領の分割協定を結んだ。武田家は駿河《するが》、徳川家は遠江《とおとうみ》が取り分だと決められたが、信玄はこれを守らず北遠江にまで攻め込んだ。徳川方が猛抗議をしたことで信玄軍は撤退したものの、これ以降、両者の関係は悪化する。信玄に負けじと思ったのか、今度は家康が今川家の降伏を独断で受け入れ、上杉家と同盟を結んで武田に圧力をかけたのだ。

こうして武田と徳川が対立するなか、信長はなぜか有効な手を打たなかった。信長としては、家康は織田の家臣ではないため、武田への挑発を止めることはできなかったのかもしれない。しかし信玄としては、信長の対応には不満が募ったことだろう。

また信玄は、信長による比叡山焼き討ちにも、思うところがあったのではないだろうか。信玄

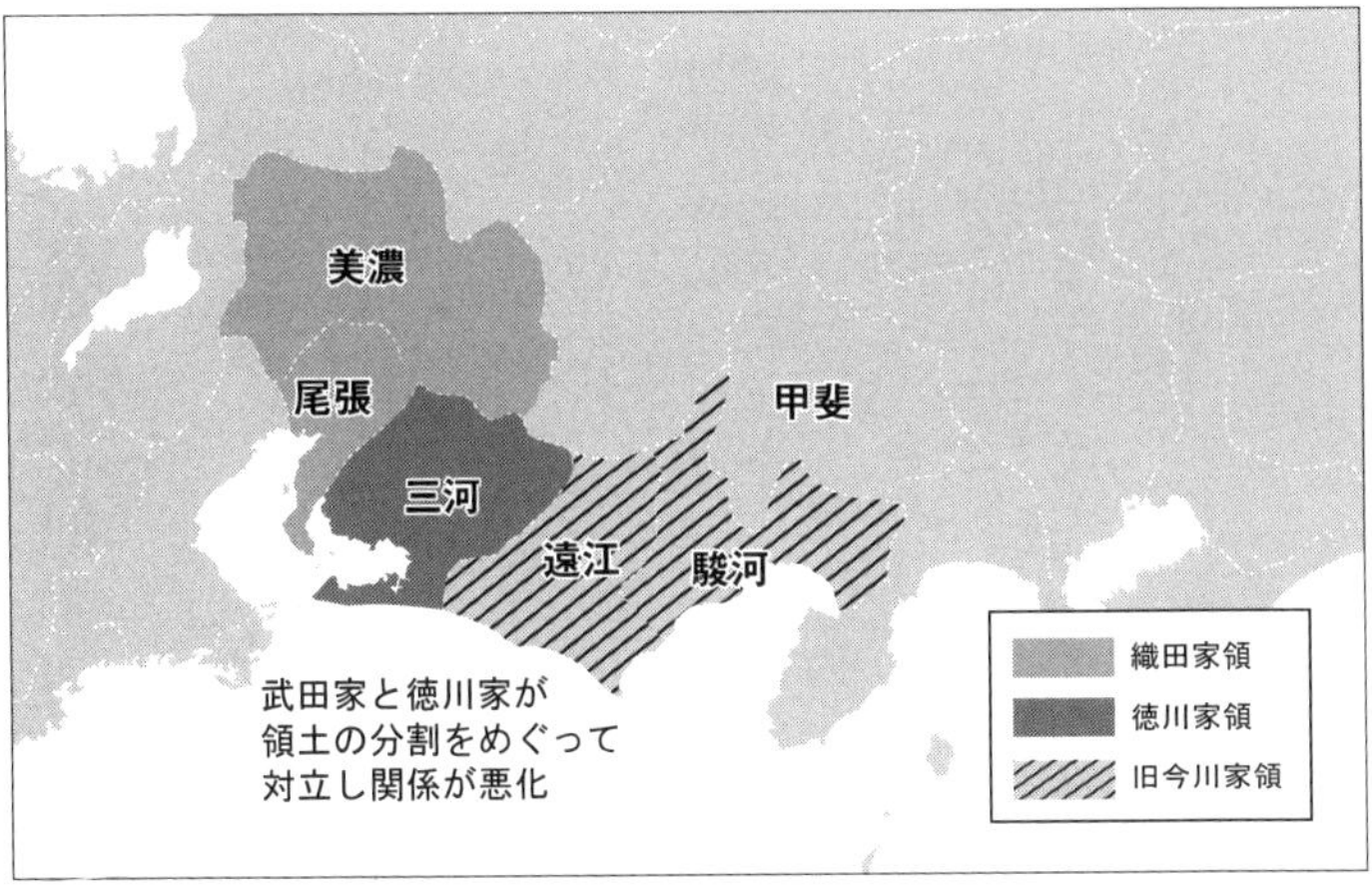

織田家領周辺地図

は熱心な仏教徒で、焼き討ちから逃れた覚恕《かくじょ》法親王を庇護下に置いて比叡山復興を掲げるなど、信長とは仏教勢力との付き合い方が明らかに異なっていた。

ただし信玄と信長が敵対したのは、信玄が亡くなる前の半年ほどに過ぎない。それまで両者は、可能な限り友好関係を維持しようとしていた。

織田と武田が友好関係を築いたのは、**互いに戦う余力がなかったから**だ。実際、永禄8年（1565）には信長は養女を武田勝頼《かつより》に嫁入りさせており、信玄も永禄10年（1567）に娘を長男の織田信忠《のぶただ》と婚約させている（両家の関係悪化で破綻）。

友好関係を結ぶと、信玄は信長の上洛と幕府再興を支持した。対する信長も、信玄による今川領への進軍を支持している。先述した、徳川家康と領土分割を約束したうえでだ。両者は軍事的な対立を避けることで、自国に有利な状況をつくろうとしたのである。

03

本能寺の変は光秀以外の黒幕が起こしたというのはウソ

通説

天正《てんしょう》10年（1582）6月の京都本能寺にて、織田信長は明智光秀の謀反により死を迎えた。有名な本能寺の変である。忠臣だった光秀が信長を討つという不自然な点から、背後に黒幕がいたとする説は少なくない。その候補として、朝廷や足利将軍家、羽柴秀吉や徳川家康が挙げられている。

本能寺の変を描いた錦絵（楊斎延一「本能寺焼討之図（部分）」）

真相

黒幕説の肝心な部分は、「光秀が無謀な行動をするはずがない」「信長が光秀に討たれるわけがない」という推測で成り立っている。**史料に基づいた確たる説はほとんどなく、陰謀論の域を出ないものが多い**。現在では、黒幕はおらず光秀が自らの意志で信長を討ったとする説が有力視されている。

本能寺で陰謀はなかった

戦国時代最大級の事件である、本能寺の変。毛利攻めに備えて京都本能寺に宿泊していた織田信長が、家臣の明智光秀に襲撃されて命を落とした事件だ。信長の死により織田家の天下統一は頓挫し、戦国の勢力図は大きく変化した。

この事件の最大の謎とされているのが、光秀の動機である。かつてドラマや小説では、信長への私怨《しえん》を原因として描くものが多かった。だが、根拠とされた史料は全て江戸時代のもので、信憑性は低い。

ではなぜ光秀は謀反を起こしたのか？ 注目されたのが黒幕説である。有力な人物か集団が光秀に協力したと囁かれるようになり、朝廷、足利義昭、羽柴秀吉などが候補として挙げられた。陰謀論はたびたび話題になってきたため、ご存じの方もいるだろう。

だが、こうした黒幕説にはいずれも問題点がある。例えば朝廷黒幕説は、朝廷と織田家による権力闘争を背景に成り立っていた。しかし近年では、**信長は献金などを通じて天皇や朝廷との関係を重んじていた**ことがわかっている。朝廷にとって信長は貴重な資金提供元であり、殺す理由はまったくない。

足利義昭説にしても、**義昭には実行するだけの実力がなかった**。義昭は本能寺の変を知ると居《い》候《そうろう》先の毛利家に上洛支援を要請したが、当主らから無視されている。居候先とも提携できずに光秀と共闘するのは不自然だし、毛利も動かせない義昭に光秀が従うとは考えにくい。

秀吉説に至っては、推論に推論を重ねたもので史料上の根拠はない。秀吉説は「本能寺の変後に最も得をした」という結果から導き出されたもので、証拠がないのはもちろん、冷静に考えれば非現実的である。信長を光秀に討たせた後、わざわざ光秀に合戦を仕掛ける必要はまったくない。一歩間違えれば秀吉自身が光秀に殺されるかもしれないし、そもそも光秀の謀反が

伝明智光秀像《模本》(左)と長宗我部元親像《模本》(右)。光秀の重臣・斎藤利三は元親と親族関係にあった(いずれも東京大学史料編纂所所蔵)

成功するとも限らない。そんな状況を、秀吉が自らつくるだろうか。

事件は、**光秀の突発的犯行**だと考えるのが自然だ。事件直前には畿内から織田家有力家臣が出払い、光秀だけが大軍を保有する状況にあった。光秀が下剋上《げこくじょう》を意識したとしてもおかしくはない。

動機は不明ながら、近年は**四国説**が注目を集めている。光秀は織田家と四国の長宗我部《ちょうそかべ》家の融和を図ろうとしていたものの、信長が四国攻めを決定したことで、窮地に立たされてしまう。光秀の面目は丸つぶれで、用済みとして追放される危険もあった。そこで信長が少数で京にいる状況を好機と捉え、突発的に襲撃したというわけだ。

信長の油断と光秀の焦り。偶然に偶然が重なり、本能寺の変という大事件が起きた。黒幕説よりも説得力はある。

04

黒田官兵衛が関ヶ原の戦いに乗じて天下を狙おうとしたというのはウソ

通説

黒田官兵衛孝高《くろだかんべえよしたか》は関ヶ原の戦いに乗じ、九州で軍事行動を起こした。目的は、天下を奪うことである。関ヶ原の戦いの勝者を討ち、天下人になる計画を立てていたのだ。しかし、関ヶ原の戦いが数時間で終結したことを知ると、官兵衛は急きょ計画を変更。徳川家を支援することに決めた。

黒田官兵衛像《模本》（左）と黒田長政像《模本》（右）。息子の長政は関ヶ原の戦いに東軍として参戦し、官兵衛は九州で西軍と対峙した（いずれも東京大学史料編纂所所蔵）

真相

官兵衛の野望を記した書物は根拠が乏しく、天下簒奪《さんだつ》の話は後世の創作である可能性が非常に高い。実際は、**官兵衛は最初から家康に肩入れしており、徳川家の許可のもとで領土を拡大することが狙い**であった。

名軍師は天下を望んだのか？

明治時代以降、黒田官兵衛は次のようにたびたび評されてきた。関ヶ原の戦いが長引いていれば、官兵衛は九州から本州へと軍を送って、天下を奪おうとしたのではないか――。

官兵衛は秀吉側近のひとりで、大名との交渉や軍事戦略に長《た》けた、豊臣家の名参謀。一方で、「秀吉から天下への野心を警戒されたため、京を離れて九州豊前《ぶぜん》（福岡県）に籠っていた」と、後世にはまことしやかに噂されていた。

官兵衛の野心を伝える、こんな逸話がある。関ヶ原の戦いが終わったあと、息子の長政《ながまさ》が家康から握手して感謝されたと、官兵衛に自慢したことがあった。それに対して官兵衛は、「お前の片手は何をしていた」と叱り飛ばしたという。なぜ家康を暗殺しなかった、ということだ。また、江戸時代中期の逸話集『常山紀談《じょうざんきだん》』によれば、官兵衛が死に際に「三成が持ちこたえていたら、息子を犠牲にしてでもひと博打うちたかった」と言い残したという。

だが結論からいえば、これらの逸話は史実ではない。いずれも同時代の史料ではなく、後世につくられた逸話集などが出典だ。史料としての信頼性は高くない。

官兵衛の真の狙い。それは、**黒田家の領地を広げる**ことにあった。関ヶ原の戦いが起きた翌日の慶長5年（1600）9月16日、官兵衛は家康の側近である藤堂高虎《とうどうたかとら》に書状を送っている。そこには、「約束どおり占領地を拝領したい」「長政にも関西の所領を与えてほしい」とある。同年10月には吉川広家《きっかわひろいえ》に対し、「関ヶ原の戦いが早くに終っていなければ、九州から中国地方に攻め込むつもりだった」と書状で伝えている。つまり、家康に許しを得たうえで、領地を拡大しようとしていたのである。

秀吉の側近だったとはいえ、**秀吉死後は息子の長政が三成ら官僚グループと対立しており、黒田家は家康側につくことに、抵抗心を抱いてなかったはずだ。**長政は離婚までして徳川家と

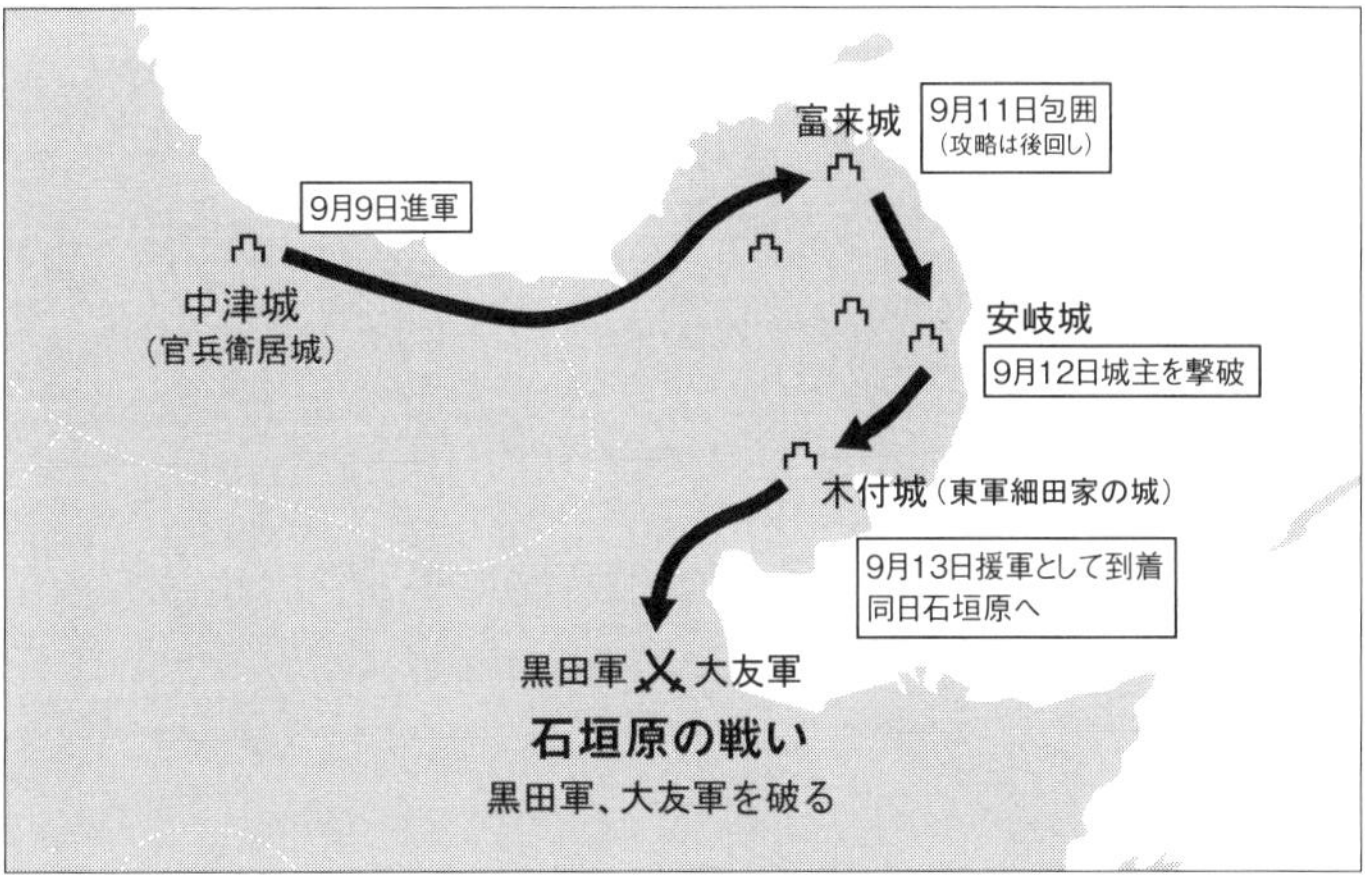

九州制圧戦における官兵衛のルート

婚姻関係を結んでいる。さらには家康の側近である井伊家から、「手に入れた国は与える（と家康様は仰った）」という書状を得ていた。黒田家は、当初から徳川家との関係強化に動いていたのだ。

こうした事実をふまえると、官兵衛の目的が見えてくる。

官兵衛の狙いは天下ではなく、**徳川政権下で黒田家の権力をより拡大することにあった**のだろう。息子の長政は上方《かみがた》で中央の権力に接しつつ、自らは九州にて黒田家拡大の機会をうかがう。その機会がめぐってきたのが、関ヶ原の戦いというわけだ。

官兵衛の軍は、破竹の勢いで敵を下した。占領地を全て得ることはできなかったものの、筑前《ちくぜん》52万石の加増という、豊前時代の5倍ほどの石高を得ることに成功する。官兵衛の目的は一部達成されたと言っていいだろう。

05 大坂冬の陣で真田信繁が先制攻撃を主張したというのはウソ

通説

大坂冬の陣前の軍議にて、真田信繁《さなだのぶしげ》（幸村《ゆきむら》）と後藤又兵衛《ごとうまたべえ》は、徳川軍への先制攻撃を主張した。徳川軍を野戦で迎撃するという作戦だ。しかしこれに、徳川方のスパイである小幡景憲《おばたかげのり》が反発。さらには豊臣の重臣も理解を示さなかった。大坂冬の陣が籠城《ろうじょう》戦となったのは、こうした妨害行為があったからだった。

後藤又兵衛と真田信繁（歌川豊宣「大坂軍記之内 後藤又兵衛 真田幸村（部分）」）

真相

小幡は軍議に出られる身分ではなく、妨害したという証拠もない。**攻勢に出なかったのは、豊臣方の浪人勢にまとまりがなかったから**である。信繁たちも積極的に攻撃を主張しなかったとされている。

謎に包まれた豊臣の軍議

慶長19年（1614）、秀吉亡き後の豊臣家に引導を渡すべく、徳川家康は大坂城への攻撃を開始した。大坂冬の陣である。

約20万の大軍を率いる徳川家康に対し、豊臣軍は浪人衆を主力とする約10万。戦力差は実に2倍もある。この差を覆すために浪人の真田信繁と後藤又兵衛が軍議で提案したとされるのが、先制攻撃案だ。

近江国《おうみのくに》瀬田《せた》（滋賀県大津市瀬田）に防衛線を敷き、

この地で徳川軍を迎撃している間に西国の大名を味方につければ、敵は戦意を喪失する。ふたりは豊臣家の重臣たちにそう主張した。

この作戦に待ったをかけたのが、小幡景憲だ。小幡は「瀬田を守って勝った前例はない」として猛反対する。小幡の正体は徳川のスパイだったが、そうとは知らない豊臣家臣団は浪人である信繁らを信用せずに作戦を却下。籠城戦に踏み切った――。大坂の陣が籠城戦となった経緯は、このように考えられてきた。

だが近年は、この通説に疑問の声が上がっている。小幡による妨害を示しているのは、真田家に関する後世の史料しかない。小幡が大坂の陣でどう動いていたのか不明な部分が多く、そもそも大坂城にいたのかも不明である。仮にいたとしても、**下級武士の小幡では、軍議に出られるわけがなかった**。

江戸時代初期の禅僧・金地院崇伝《こんちいんすうでん》による『本光国師日記《ほんこうこくしにっき》』には、浪人の方から城に引き籠っていると記されているが、徳川家康の伝記『烈祖成績《れっそせいせき》』には籠城の準備が整った後に信繁が先制攻撃を献策して、籠城派の又兵衛が異を唱えたとある。史料によって記述は若干異なるが、**籠城案と攻勢案が話し合われた**ことは共通している。この話し合いの結果、籠城に傾いたのだろう。ただ、話し合いをするまでもなく、そもそもはじめから籠城戦に決定していたという説もある。

大坂の町並み。左に大坂城がみえる(「豊臣期大坂図屛風(部分)」エッゲンベルク城博物館所蔵)

先に挙げた『本光国師日記』によれば、豊臣家に仕えていた織田信長の次男信雄《のぶかつ》が、開戦直前に大坂城から逃亡したという。迫る敵軍に恐怖したとも、元から徳川家のスパイだったともいわれている。

家臣内から脱走者が出たぐらいだから、豊臣家が出自のわからない浪人勢を信用できなかったとしても、無理はない。戦いから間もない時期に成立した『当代記《とうだいき》』(1624～44)にも、**豊臣方が団結しないまま開戦準備を進めた**という記述がある。

重臣たちが浪人勢の裏切りや逃亡に警戒していたとすれば、監視のできない野戦を採るのは不安だったはずだ。渡邊大門氏ら一部の研究者は、信繁や又兵衛も同様に、浪人勢を信用していなかったと推測している。籠城後、豊臣家に味方した浪人たちから逃亡者が続出していることを勘案すると、先制攻撃が失敗していた可能性は、低くはないだろう。

06

後醍醐天皇が二度の倒幕計画を立てたというのはウソ

通説

後醍醐《ごだいご》天皇にとって、即位の決定権を持つ鎌倉幕府は邪魔な存在だった。後醍醐天皇は天皇家を自らの血筋で独占したかったが、幕府は他の血筋を推していたからだ。そのため天皇は、鎌倉幕府の打倒を決意。正中《しょうちゅう》元年（1324）の討幕計画は密告によって失敗し（正中の変）、7年後に立てた計画も幕府に露見して流罪となったものの（元弘《げんこう》の変）、楠木正成《くすのきまさしげ》らの反乱に便乗した三度目の挙兵により、後醍醐天皇はついに鎌倉幕府を滅ぼした。

後醍醐天皇像《模本》（左）と日野資朝（右）。正中の変が起きると天皇の側近である資朝が処罰された（左／東京大学史料編纂所所蔵）（右／菊池容斎『前賢故実』）

真相

後醍醐天皇は当初、**幕府承認のもとで皇統を確立しようとしていた**。それが叶わなかったのでやむなく討幕に踏み切ったとされる。正中の変には巻き込まれただけという説もあり、この頃には確固たる倒幕の意志はなかったとみる向きもある。

鎌倉幕府打倒の真実

鎌倉時代の朝廷には、持明院統《じみょういんとう》と大覚寺統《だいかくじとう》という二つの皇統が存在した。両者の仲は悪かったが、幕府の仲介を得るなど紆余曲折を経て、交互に天皇を出す慣例ができる。現在ではこれを、両《りょう》統迭立《とうてつりつ》という。

第96代後醍醐天皇は、大覚寺統の血統だった。討幕を主導し、朝廷中心の政治を目指した行動力ある天皇として知られるが、実は中継ぎの天皇で、政治的権力は不安定だった。第94代後二《ごに》条《じょう》天皇の皇子が成長すれば、退位させられることは確実。つまり、自分の血筋を後代に伝えられないことを意味する。この事態を変えるべく、即位の決定権を握る鎌倉幕府を討ったというのが、かつての通説だ。

だが、現在ではこの通説に疑問が呈されている。

一つは、最初の倒幕計画と考えられてきた正中の変に、後醍醐天皇は本当に関与していたのか、という疑問である。討幕計画が発覚しても、処罰されたのは側近の日野資朝《ひのすけとも》のみ。後醍醐天皇は無罪であった。「側近がすべての責任を被った」というのが通説だったが、果たしてそうだろうか。討幕を諫めたという吉田定房《よしださだふさ》の奏状が残っているが、作成年代がわからないので、討幕の証拠としては不十分だ。

歴史学者の河内祥輔氏は「**事件は後醍醐天皇への罠だった**」と指摘する。幕府との関係ばかりに目が向きがちだが、**後醍醐天皇と仲が悪かったのは、持明院統**である。それだけではない。身内の大覚寺統にも、後醍醐天皇を疎む一派があった。そうした反対勢力が討幕計画の噂を流し、反逆者の濡れ衣を着せたのではないか。資朝が犯人とされたのは、調査で朝廷が混乱するのを防ぐため。つまり、後醍醐天皇は謀略に巻き込まれた被害者だという考えである。

そもそも、**正中の変前後には、後醍醐天皇の皇子が即位できる可能性はあった**。後醍醐天皇

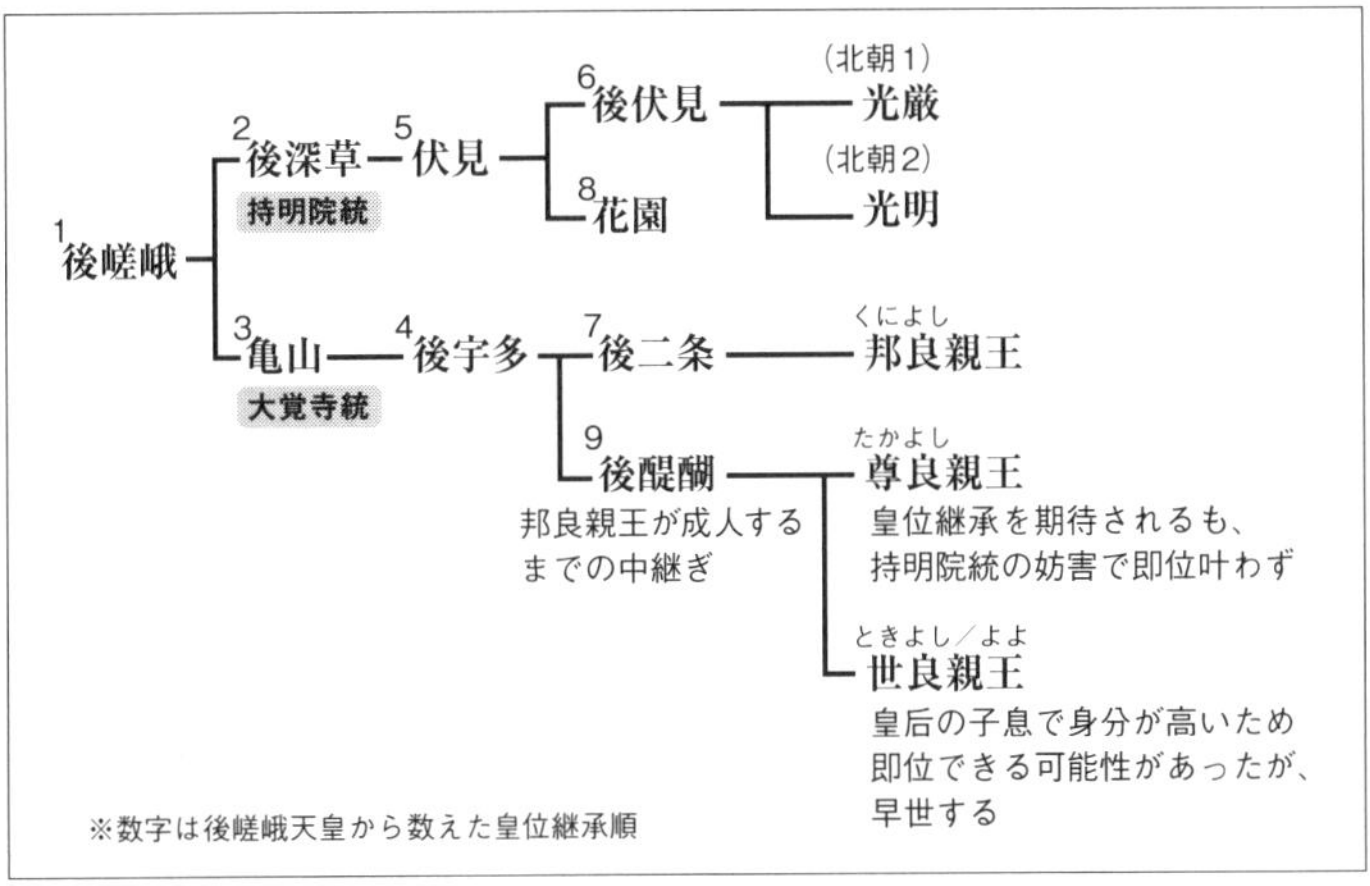

後醍醐天皇系図

には西園寺家出身の皇后がおり、彼女が第二皇子を生んでいた。実子が天皇となれば、自分は上皇として院政を敷くことができる。第一皇子は持明院統の妨害によって皇太子（第一継承者）になれなかったが、皇后の子であれば可能性はあった。

しかし、期待をかけた第二皇子は、元徳《げんとく》2年（1330）に病死する。出産祈祷《きとう》を命じたこともあったが願いは叶わず、**実子を即位させる計画は頓挫した**。おそらくこの失敗以降、院政の可能性がなくなったことで、天皇は討幕を考えるようになったのだろう。翌年に露見した元弘の変は、その考えが結実した結果だと思われる。

後醍醐天皇は隠岐《おき》への流罪となったが、鎌倉幕府に不満を抱く御家人らはこの事件に呼応し、倒幕運動が全国化した。こうして、鎌倉幕府は正慶《しょうけい》2年（1333）5月に滅亡したのである。

07

足利尊氏が後醍醐政権の混乱に乗じて幕府を開いたというのはウソ

通説

足利尊氏は、後醍醐《ごだいご》政権の混乱に便乗して幕府を開いた。尊氏は武家政権の樹立を目指し、延元《えんげん》3年（1338）には朝廷に働きかけて征夷大将軍に就任。鎌倉幕府の残党を鎮圧すると、京には戻らず関東に居座った。全ては後醍醐天皇との離別を示し、幕府樹立に動き出すためであった。

南朝軍との戦い前に軍議に挑む足利尊氏（中央）（「大日本歴史錦絵」国会図書館所蔵）

真相

尊氏が関東に留まったのは、混乱する情勢を安定させるためだった。**後醍醐天皇への敵意はなく、討伐軍が派遣されても恭順を示すために出家していた。**

情勢に翻弄された名将

鎌倉幕府を滅ぼした後醍醐天皇は、朝廷重視の改革に着手した。建武の新政である。武士たちはろくな恩賞を与えられずに反発し、朝廷内でも半端な改革だとして不満を募らせる者がいた。この状況に便乗して、足利尊氏は後醍醐天皇から政権を奪取したとされてきた。

尊氏が動くきっかけをつくったのは、鎌倉における幕府残党の蜂起である（中先代《なかせんだい》の乱）。この戦いに弟の直義《ただよし》が敗走すると、救援の大義名分を得るために、尊氏は征夷大将軍の座を朝廷に希望。その座を得て反乱を鎮圧するものの、尊氏は天皇の帰京命令を無視して鎌倉に留まり、部下に恩賞を与え始める。後醍醐天皇はこれを謀反と断定し、鎮圧軍と足利軍の戦いが勃発した――。

これが通説のおおまかな流れだが、この通説の一部が、近年の研究によって覆ろうとしている。尊氏は当初から反乱の意志を抱いていなかった説があるのだ。

建武政権下で、尊氏は軍事・警察の最高責任者である鎮守府将軍として天皇に重用されていた。北条氏と婚姻関係を結ぶ、有力御家人だったからだ。尊氏はこの厚遇に恩義を感じ、後醍醐天皇の統治に満足していた。歴史学者の亀田俊和氏はそう考察している。

ではなぜ恩人の天皇を裏切ったのか？　それは「流れ」によるという。残党の反乱は鎮めたものの、**首謀者の北条時行《ときゆき》は取り逃していた**。そのまま帰京すると、時行を旗頭に反対勢力が再び蜂起するかもしれない。そこで関東の治安維持を優先して、尊氏は鎌倉に留まったのではないか。このように考えられている。

ただ、尊氏の意図がどうあれ、後醍醐天皇はこの動きを謀反の準備だと見なし、尊氏の弁明を無視して討伐軍を派遣した。新田義貞《にったよしさだ》が流した謀反の噂を信じたためとも、直義が護良《もりよし》親王を殺したからともいわれている。

これに対し、尊氏は注目するべき行動を取った。後醍醐天皇に恭順の意を示すために、出家

尊氏が新田軍を破った竹之下の地

をしたのだ。反逆の意志があったのなら、出家までして戦闘を避けるようとしただろうか。

だが、出家した尊氏に代わって出陣した弟の直義が新田義貞の鎮圧軍に敗走し続けたことで、尊氏は動かざるを得なくなる。**弟を助けるために出陣して箱根において討伐軍に勝利したが、天皇の軍を破った以上、もはや全面戦争しか道はなかった。**

なおその後、朝廷に勝利した尊氏は室町幕府を開いたが、源氏だから幕府を開けたわけではない。そもそも尊氏が源義家《よしいえ》を祖先とする源氏嫡流（本家の血筋）であることを示す、確かな史料はない。それに天皇に味方したのは武家の棟梁として北条氏に単発したからではなく、家臣の上杉氏に助言されたからだとされている。源氏嫡流という出自は、初代将軍に箔をつけようとのちに室町幕府が主張したと考えられる。

08

楠木正成と足利尊氏がライバルだったというのはウソ

通説

楠木正成《くすのきまさしげ》は、足利尊氏の宿敵として知られる。ふたりは鎌倉幕府を滅ぼした同志で、後醍醐《ごだいご》天皇に従っていたが、天皇の改革が失敗すると、尊氏は政権打倒に動き出した。この動きに天皇の忠臣である正成が激しく反発。敵視し合うふたりは建武3年（1336）5月25日、湊川《みなとがわ》の戦いで衝突したのである。

湊川の戦いを描いた錦絵。戦いは尊氏軍の勝利に終わり、楠木正成は自害した（「大日本歴史錦絵」国会図書館所蔵）

真相

正成は天皇への忠義を優先して仕方なく戦ったに過ぎず、尊氏に対して私的な恨みを持っていなかった。尊氏も湊川の戦いで戦死した正成を、手厚く供養している。**両者は立場上対立しただけで、感情的な反目はなかったと考えられる。**

ふたりが真に敵対したのは新田義貞

楠木正成と足利尊氏は、南北朝動乱期に活躍した武将だ。正成は鎌倉幕府をゲリラ戦術で翻弄した天皇の忠臣。対する尊氏は幕府の有力御家人だ。

後醍醐天皇による改革に不満を抱いた武士たちは、尊氏に武家政権樹立を期待した。しかし、正成が天皇への忠義を貫いたことで両者は対立。その争いは湊川の戦いまで続いた——。

そのように言われてきたが、両者が戦ったのは、反天皇派と建武政権側に立場が分かれて、やむを得なかったからだ。**正成が尊氏に敵意を抱いていたことを示す史料はなく、戦以外では敵対していなかったのではともいわれる**。根拠となるのが、湊川の戦い前後の正成の対応だ。

南北朝時代の歴史書『梅松論《ばいしょうろん》』によると、九州から足利軍が進軍してきた際、正成は天皇に和睦を提案している。政権の安定化のため、尊氏とはひとまず手を組むべきと進言したのである。しかも、和睦の使者には正成自らが立つとまで言っていた。天皇はこれを聞き入れなかったものの、反目していたのなら正成が和睦を考えることはなかっただろう。

尊氏にしても、正成に対して個人的な恨みはなかったようにみえる。朝舜という人物が残した書状によると、尊氏側は湊川近辺の魚御堂《うおのみどう》に50町の田を寄贈して、正成を供養したという。

それに尊氏は配下へ出陣を命令する際、正成を反逆者として扱っていない。この時代は出陣を命令する文書（軍勢催促状）において、武将は敵将を「凶徒」と書いて非難することがよくあったが、尊氏は正成にこの字を使用していない。尊氏が凶徒扱いしなかった敵将は、正成を含めごくわずかだ。

実は正成と尊氏は、建武政権下で友好な関係にあった可能性がある。正成が働いた部署の一つ武者所には、尊氏の側近である高師直《こうのもろなお》がいた。先の文書の件を勘案すると、正成が師直を通じて尊氏と接していたとしても、おかしくはない。

近代の浮世絵師・土屋光逸による新田義貞

尊氏や正成と本当に不仲だったのは、新田義貞《にったよしさだ》だ。

義貞は鎌倉幕府を攻め落とした後醍醐天皇側の猛将である。源氏の出であるため、豪族出身とされる正成とは仲がよくなかった。同じ源氏の血筋とされる尊氏とも、建武政権での軍事的主導権を巡ってライバル関係にあったと考えられている。

尊氏が義貞を、あからさまに嫌っていたというエピソードもある。建武2年（1335）、鎌倉で幕府残党を討伐した際には、尊氏は鎌倉の新田領を無断で部下に与えている。また朝廷から謀反を疑われたときには、義貞が流したデマであるとして、義貞討伐の許可を朝廷に求めている。

これらの逸話には信憑性が低いものもあるが、尊氏は書状において、正成には使わなかった凶徒の文字で義貞を罵っている。少なくとも正成よりも良好な関係だったとはいえないだろう。

09

秋山真之が丁字戦法を考案したというのはウソ

通説

日露戦争中に起きた日本海海戦において、連合艦隊は丁字《ていじ》戦法を採用した。「丁」の字を描くようにロシア艦隊の行く手を塞ぎ、集中砲火を浴びせる戦術だ。発案したのは秋山真之《あきやまさねゆき》中佐である。東郷平八郎《とうごうへいはちろう》の参謀である秋山の作戦でバルチック艦隊は壊滅し、日本海軍は海上の主導権を握った。

ロシア海軍と戦った連合艦隊司令長官・東郷平八郎（東城鉦太郎「三笠艦橋之図」）

真相

丁字戦法は、日露開戦前に東郷自身が部下に示していた。**考案者は東郷本人**だとされている。戦術の考案にあたっては、戦艦笠置《かさぎ》艦長の山屋他人《やまやたにん》の提案を参考にしたともいわれている。

丁字戦法は誰が考案したのか

日露戦争をテーマにした司馬遼太郎の大河小説『坂の上の雲』には、秋山真之中佐が丁字戦法を考案する場面が描かれている。秋山は海軍兵学校を主席で卒業したエリートであり、東郷の主席参謀として戦艦三笠《みかさ》に乗船していた。開戦前より対露研究に力を入れ、海軍戦略の権威として注目されていたという。戦闘中、秋山の進言によって東郷がこの戦術を採用した、というのがかつての通説だ。

だが現在では、丁字戦法の発案者は秋山ではなく、東郷自身だといわれている。というのも、日露開戦に先立ち、東郷は**『連合艦隊戦策』**という機密書を部下に配布していた。そこに、「丁字・乙字戦法」の取り方が記されているのだ。戦い方は、「味方艦隊は敵と丁字になるよう動き、敵艦隊が避けようとしたら、一斉に回頭して戦闘距離を守る」という、史実の丁字戦法とほぼ同じものだった。

では、この機密書作成に秋山は関与していなかったのだろうか？　秋山の関与を示す史料はないものの、東郷の作戦参謀だったのだから、秋山が文書作成に関わったとしてもおかしくはない。

一方で、のちに山梨《やまなし》勝之進《かつのしん》海軍大将が、興味深い証言を残している。太平洋戦争後に山梨が海上自衛隊幹部学校で行なった講話によると、丁字戦法を編み出したのは**山屋他人**だという。山屋他人は戦艦笠置の艦長などを務めた人物で、東郷が海軍大学校校長であったときの生徒だ。東郷が二度目の大学校長となったときには教官を務めている。この山屋考案の戦術から東郷が生み出したのが丁字戦法だと、山梨は語ったのだ。このように複数の可能性があるものの、丁字戦法の考案者は誰か、確かなことはいえないのが現状だ。

丁字戦法にまつわる誤解は、もう一つある。**実は丁字戦法は、それほど役に立っていなかったのだ**。

秋山真之（左）と山屋他人（右）

海戦が始まると、東郷はロシア艦隊の東北東に舵を切ったが、敵も動きを変えたことで丁字戦法がなかなか取れなかった。その後も幾度か丁字戦法の機会は訪れたものの、通説のように一方的に砲撃をすることはなかった。

日本海軍がロシア海軍に勝利できたのは、新型火薬などの兵器や、イギリスの支援のおかげだ。

特にイギリスによる支援の効果は大きかった。バルチック艦隊がバルト海から大西洋、インド洋を渡って日本へ向かう航海中、イギリスは全ての植民地港でバルチック艦隊の来港を拒んだ。主要港はイギリスの植民地で占められていたため、バルチック艦隊は満足な補給を受けられず、整備も不十分なまま日本に向かわなければならなかった。

こうして万全の状態で迎え撃った日本軍に、ロシア艦隊は敗北したのである。

10

牟田口廉也がインパール作戦で補給拡充を無視したというのはウソ

通説

昭和19年（1944）3月、牟田口廉也《むたぐちれんや》陸軍中将指揮のもと、インパール作戦が開始された。山岳地にあるインパールを攻略するには、補給物資をいかに運搬するかが問題だったが、牟田口は補給を軽視し、家畜を利用することで解決を図った。しかし輸送手段として連れられた牛馬はイギリス軍の爆撃で全滅し、日本軍は3万人の戦死者を出してしまう。補給を軽視した牟田口の作戦は、今もなお史上最悪の作戦とみなされている。

インパール作戦に参加する兵士たち。作戦中には家畜が用いられた

真相

他国の陸軍でも、家畜の利用は珍しくなかった。

また、牟田口は部隊の規模に対して補給が不十分だと認識しており、**作戦前に補給部隊の増援を要請している**。作戦が失敗したのは増援の不足と制空権確保の失敗、陸軍全体の見通しの甘さに原因があった。

史上最悪の作戦の真実

インパール作戦は、史上最悪の作戦だといわれている。作戦の立案者である牟田口廉也中将が、補給を軽視して数万人規模の死者を出したからだ。

第15軍司令官の牟田口は、ビルマ（現ミャンマー）におけるイギリス軍の反撃に対抗するべく、インド北東部のインパール攻略を提案する。山岳地にあるインパールは補給が難しく、幕僚からも反対が相次いだが、牟田口は牛馬を輸送に使うという奇策をもって、行軍を強行。だが、幕僚らの不安が的中して第15軍は深刻な物資不足に陥り、3万人が死亡する大敗となった。

牟田口は現在でもしばしば愚将と評価されており、人命を軽視するなどその指揮に問題があったのは事実だ。ただ、牟田口が補給を軽視したという通説には、一部誤りがある。

家畜の利用と聞くと無謀に思えるが、インパールには車が走れる道がほとんどなく、輸送手段が限られていた。イギリス軍も山岳輸送の一部を馬に頼っており、牟田口の決定が奇策だったわけではない。それに第33師団には少数ながら輸送車も配備されていたし、牟田口らは作戦前に、補給部隊の増援を求めている。補給用の自動車中隊150個を根幹とする増援要請だ。自動車中隊は作戦後の補給に使われる予定だったが、結局150個ではなく18個しか届かなかった。そこで牟田口は家畜を利用しつつ、早期に補給基地を確保しようと考えたわけだ。

では、なぜ物資不足が深刻化したか？　それは**牟田口と司令部の予想が甘かった**からだ。**インパール作戦は1カ月ほどの短期戦だと想定されていた**。第15師団がアラカン山脈を越えてインパールを直接攻撃し、第31師団が山脈北部からインパール北のコヒマを占領。残る第33師団がインパールの東と南から攻撃しつつ、他の師団に重火器を補給する。これが作戦の概要だ。インパール方面はイギリス軍が分散しており、短期決戦も可能と考えられていた。

3月に開始された作戦は、順調に進んだ。4月初頭には第15師団がインパール近隣の高地に

インパールへ向かう日本兵

到着。第31師団もコヒマを制圧した。しかし、**インパールに接近した日本軍は、イギリス軍の熾烈な反撃に遭う**。イギリス軍はアメリカ軍の輸送機で迅速に部隊を展開し、空中補給の体制も整えていたのだ。

日本軍による早期占領は難しくなったが、第15軍上層部はイギリス軍の増強を見抜けず攻勢を指示し続けた。航空隊も敵戦闘機と地上部隊の攻撃を優先したことで、イギリスの空中補給を阻止できなかった。

こうして、**戦いは想定外の長期戦になった**。5月になって雨季が到来したことで劣勢は確実となる。それでもしばらくは作戦が続き、中止が決定したのは7月1日のことである。

作戦後、牟田口は敗北の責任は大本営にあると回顧録に書き残し、大本営は現地軍のせいだと責任をなすりつけあった。誰が責任を負うのか、あいまいな日本軍の構造的欠陥がここにも表れている。

真珠湾攻撃の様子。空母６隻、航空機約350機などで構成された日本海軍の機動部隊が真珠湾を攻撃。アメリカ軍は攻撃を察知できず、多数の戦艦、航空機、人員を失った

第二章

戦術戦略にまつわるウソ

――こんなに変わった戦場の新常識――

11
治承・寿永の乱が源氏と平氏の戦いというのはウソ

通説

源氏と平氏の戦いは、治承《じしょう》4年（1180）から本格化した。朝廷を牛耳る平氏に源氏は不満を募らせ、一触即発の状態にあった。そんななか、源頼政《よりまさ》が皇族の以仁王《もちひとおう》を旗頭として挙兵。これを機に源氏による反平氏の動きが急拡大し、各地で戦闘が起こった。そして元暦《げんりゃく》2年（1185）、壇ノ浦の戦いにおいて、平氏は滅亡に追い込まれた。こうした一連の戦いは、治承・寿永《じゅえい》の乱と呼ばれている。

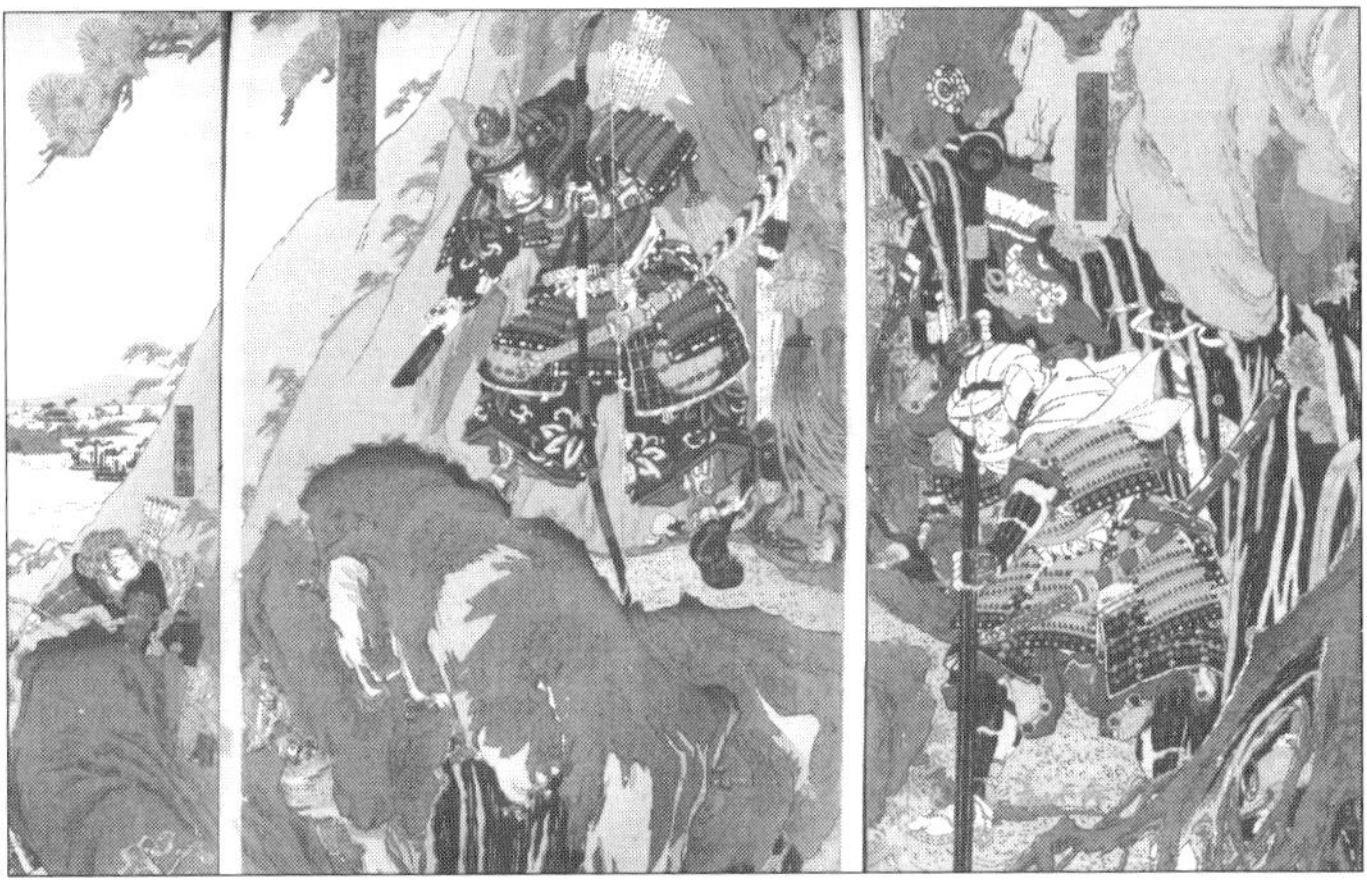

源義経が平氏を破った一の谷の戦いを描いた錦絵（「日本歴史錦絵」国会図書館所蔵）

真相

治承・寿永の乱は源氏vs平氏という、単純な戦いではなかった。**急速に勢力を拡大した平氏には天皇家内部や平氏内部など、源氏以外にも敵が多く、各勢力は各々の思惑を胸に平家を打倒しようとしていた。**

源平合戦ではなかった大乱

治承3年（1179）頃の朝廷では、平氏の権力は絶大だった。平氏は主要な役職を独占し、平清盛の政治力は天皇や上皇を上回った。そんな平氏専制に反発して蜂起したのが、関東一円に勢力を持つ源氏武士団だ。

源平衝突のきっかけは、摂津《せっつ》源氏の源頼政がつくった。後白河法皇《ごしらかわほうおう》の第三皇子である以仁王を促し、平氏に対して決起したのだ。似仁王の挙兵は清盛に鎮圧されたが、源頼朝を中心とした源氏の抵抗は続いた。そして清盛が病死し、源義経らが奮闘を重ねたことで、平氏は崩壊した。これが源平の合戦をめぐる通説である。

だが、通説は『平家物語』のような軍記物や、源氏側の史料である『愚管抄《ぐかんしょう》』に基づいている。源氏と平氏の対立に焦点が当てられ、それ以外の勢力がどう行動したかは、あまり関心が払われてこなかった。一連の戦いが「源氏vs平氏」という単純な図式だったと考えるのは誤りで、現在では朝廷の思惑や源平内での勢力争いなど、さまざまな立場が明らかにされている。

例えば、**後白河法皇**は治承3年（1179）に清盛によって幽閉され、院政が停止させられたが、平氏に反発する貴族や大寺院をとりまとめて発言力を増していった。以仁王の挙兵、清盛の病死と平氏政権に動揺が広がると、貴族らは後白河院政の再開を強く希望。平氏は従わざるを得なかった。

さらに平氏が軍事的に後退し始めると、法皇は木曽義仲《きそよしなか》（源義仲）ら源氏の指揮官に平氏追討のお墨付きを与え、源平を巧みに競い合わせている。こうした法皇の手腕を、頼朝は大天狗《おおてんぐ》と称したという。

また、最初に挙兵した**以仁王**にしても、通説とは異なり自らの意思で平氏への反抗をくわだてていたようだ。以仁王は法皇の皇子であったがために、法皇が幽閉された際には領地を没収され、さらには皇位継承の機会を失っていた。そこで領地と継承権を取り戻すために、平氏打

明治時代に描かれた以仁王像（東京国立博物館所蔵／出典：ColBase）

倒を決断したと考えられている。

そもそも頼政が以仁王の反乱に加わったのは、以仁王のパトロンである八条院《はちじょういん》暲子《しょうし》内親王に仕えていたからだ。それでも反乱が情報洩れにより失敗すると、その責任は源氏へとのしかかった。下手をすれば、源氏が逆賊として討たれるかもしれない。伊豆で流刑中の頼朝は公家の三善康信《みよしやすのぶ》からこのような源氏討伐の危険を知らされ、挙兵を決断したとされる。つまり、**源氏は当初から武家政権樹立を目指していたのではなかったと考えられる**のだ。

また平氏は、朝廷の役職を独占したことで貴族や大寺院などからの反発も買っていた。こうして反平氏勢力には豪族や公家、寺社勢力が加わり、全国的な戦乱へと発展していったのだ。治承・寿永の乱は「源氏vs平氏」ではなく、「**反平氏勢力vs平氏**」という図式だったといえるだろう。

12

赤坂城の戦いで楠木正成が幕府軍を翻弄したというのはウソ

通説

後醍醐《ごだいご》天皇の忠臣である楠木正成《くすのきまさしげ》は、天皇の討幕計画に呼応して千早《ちはや》・赤坂《あかさか》城にて幕府軍を迎え撃った。わずか300ほどの寡兵《かへい》ながらも、山の地形を活かしたゲリラ戦術で100万騎の幕府軍を翻弄。討幕軍の勝利に多大な貢献を果たしたのである。

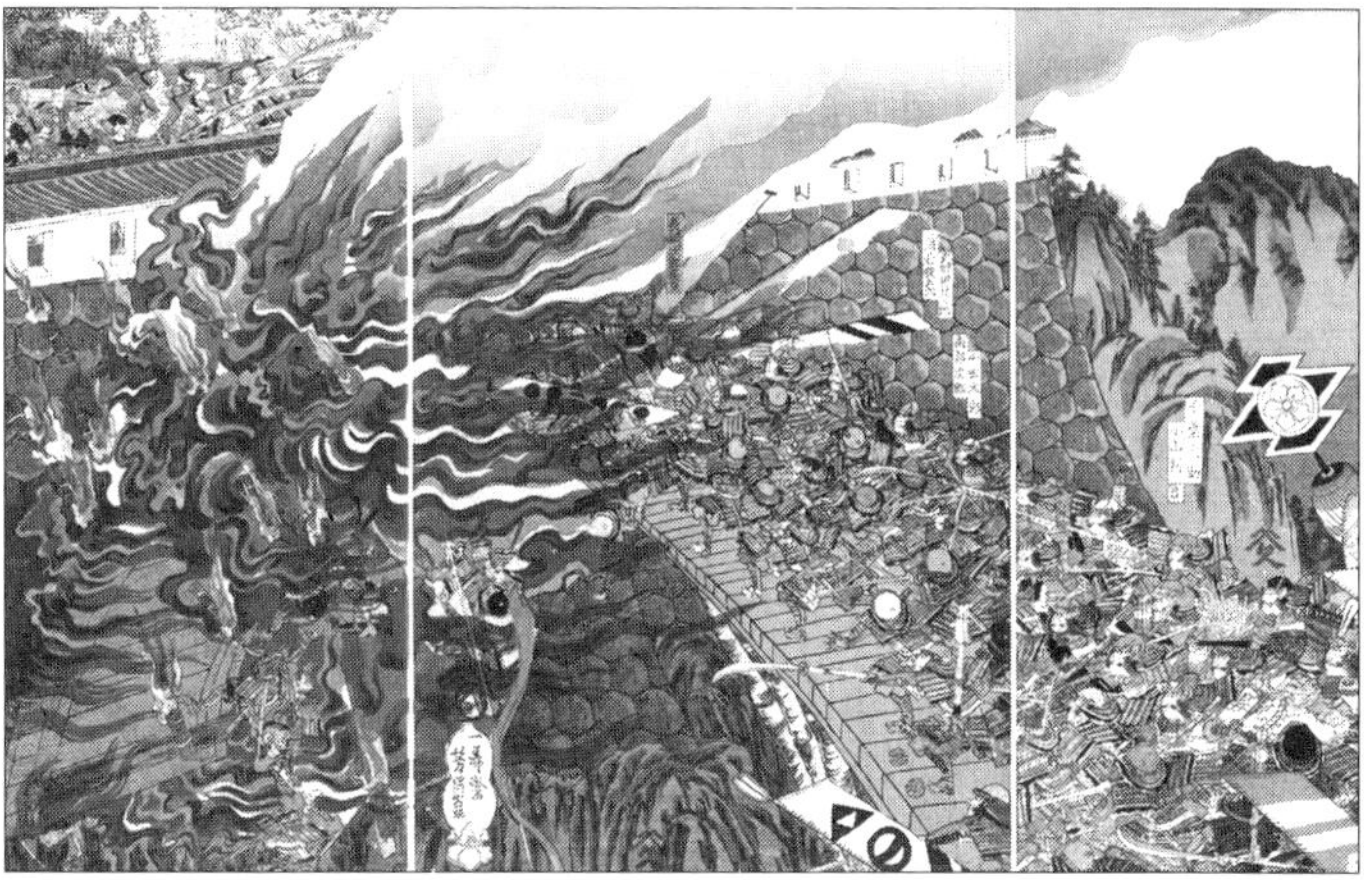

千早城の戦いを描いた錦絵（「楠正成千早城合戦（部分）」）

真相

千早・赤坂城の戦いの基本史料である『太平記』には誤植や脚色が多く、記述を鵜呑《うの》みにすることはできない。戦況には不明な点が多く、城の構造などもわかっていない。現存する最古の絵図も江戸時代以降の制作物である。

千早・赤坂籠城戦の舞台裏

楠木正成といえば、後醍醐天皇の忠臣として後世に仰がれた、鎌倉末期の武士である。河内国《かわちのくに》（大阪府）で商業と輸送に携わった地方武士とも、関東出身の鎌倉御家人ともいわれているが、出自はよくわかっていない。はっきりしているのは、後醍醐天皇の討幕運動に呼応して挙兵し、鎌倉幕府打倒に貢献したことだ。

元弘元年（１３３１）９月に河内赤坂城で兵を挙げると、正成は幕府の討伐軍をわずか５００騎で迎え撃った。無名の将と侮った幕府の軍を、正成はトラップやゲリラ戦術で翻弄。１カ月以上も落城を許さなかった。さらに天皇の捕縛を知ると、正成は死を装って城から逃げ延びて再び蜂起。赤坂城に近い千早城の籠城戦で、数十万の幕府軍を１００日も翻弄した。この活躍を知った各地の武士は次々と天皇側につき、鎌倉幕府は滅亡したとされている。

右のように、正成が少数で多勢を打ち破ったのは史実とされるが、赤坂城の戦いには謎も多い。出典の『太平記《たいへいき》』は史書ではなく、軍記物である。他の史料と比較すると、脚色された部分が多々あるのだ。

例えば、元弘元年での戦いにおける幕府軍の兵数を、『太平記』は30万騎と伝えているが、『保暦間記《ほうりゃくかんき》』の数字は５万騎で、『太平記』の解説書『太平記秘《ひ》伝《でん》理《り》尽鈔《じんしょう》』は４万余騎としている。『太平記』が伝える兵数は、物語を面白くするための誇張だろう。**御家人衆の動員力から換算すると、実際の兵力は2万5000程度だったとされている**。

また、**戦い方も詳細は不明**だ。『太平記』では、城を包囲する幕府軍を山岳の地形を活かして迎え撃ち、弓打ちや夜討ち朝駆《あさが》けで撃退したとされている。だが、他史料による裏付けはない。本隊到着後も10日ほど持ちこたえ、正成が自害を偽装したことを史実と仮定しても、そこに至る過程の多くは不明である。元弘３年（１３３３）の千早城の戦いで幕府軍が使ったとい

上赤坂城の跡地

う長梯子《ながはしご》の攻城戦も、創作だとみられている。

千早城と赤坂城の跡地から戦いの痕跡を読み解く手もあるが、**現状ではいずれの城もどのような特徴があったのか、謎に包まれている。**赤坂城は上赤坂《かみあかさか》城《じょう》と下赤坂城《しもあかさかじょう》に分かれており、上赤坂城は曲輪《くるわ》や本丸の跡が残っている。だが、下赤坂城は城としての遺構《いこう》が何も残っていない。二度目の蜂起で正成が居城とした千早城にしても、見つかっているのは戦国時代の遺構で、正成がいた時代の痕跡は現状では見られない。絵図が発見されたものの、作成されたのは江戸時代のことであり、鎌倉時代の姿を伝えているとはいいにくい。

赤坂城の戦いが鎌倉幕府打倒のターニングポイントとなったことは確かながら、『太平記』に基づく神がかり的な戦いであったとは考えにくいだろう。

13
賤ヶ岳の戦いで秀吉の側近7人が武功をあげたというのはウソ

通説

織田家重臣の柴田勝家《しばたかついえ》と羽柴秀吉が、近江国《おうみ》の賤ヶ岳《しずがたけ》（現滋賀県長浜市）にて激突した賤ヶ岳の戦い。この合戦で秀吉軍の勝利に貢献した7人の武将は、「賤ヶ岳七本槍《しちほんやり》」と称された。秀吉は彼らの活躍を褒めたたえ、後に豊臣政権の中核として重用したのだった。

賤ヶ岳の戦いを描いた錦絵（歌川豊宣「賤ヶ嶽大合戦之図（部分）」）

真相

秀吉が感状と恩賞を与えた武将は7人ではなく9人だった。具体的な戦功はわかっていないが、直属の家臣が少ない秀吉が彼らを喧伝したことで、後世に「七本槍」として特別視されたと考えられる。

9人いた賤ヶ岳七本槍

羽柴秀吉は、主君・織田信長を殺した明智光秀を山崎の戦いで倒した。だがこの時点では、秀吉は織田家で信長の後継者たるにふさわしいとは思われていなかった。秀吉に反発する重臣は多く、特に家老の柴田勝家はその筆頭だった。

秀吉は信長の孫である三法師《さんぼうし》（後の秀信）の後見人となって他の後継者候補より一歩抜きんでるが、勝家は秀吉を認めなかった。すると秀吉は勝家の進軍を見越して近江を攻撃。さらには越前国《えちぜん》（福井県）から出陣した柴田軍を賤ヶ岳の地で破り、織田家中をとりまとめることに成功する。

この戦いで、秀吉の小姓だった加藤清正《かとうきよまさ》、福島正則《ふくしままさのり》、脇坂安治《わきさかやすはる》、片桐且元《かたぎりかつもと》、平野長泰《ひらのながやす》、糟屋《かすや》武則《たけのり》、加藤嘉明《よしあき》の7人が武名を上げたといわれる。7人は追撃戦において先陣を切ると、柴田軍の佐久間盛政《さくまもりまさ》隊を散々に蹴散《けち》らした。その活躍を秀吉は褒めたたえ、感状《かんじょう》と3000石もの恩賞を与える。その功績が評価され、7人は豊臣政権の中枢を占めるようになったという。

だが、賤ヶ岳七本槍という名称が初めて使われたのは、寛永3年（1626）に小瀬甫庵《おぜほあん》が執筆した『太閤記《たいこうき》』においてであり、**合戦前後の史料にこの呼び名は見られない**。7人が感状を受け取ったのは事実だが、実際に秀吉の感状を受け取った武将は彼らだけではない。**桜井左吉と石川兵助を加えた9人が秀吉から感状と恩賞を受け取っていた**のだ。本来なら「九本槍」と呼ばなければおかしいが、甫庵はなぜ2人を除いたのか？

ほかの7人と違い、桜井と石川は秀吉の家臣ではなかった。桜井が仕えたのは秀吉の弟秀長で、石川は信長の四男で秀吉の養子となっていた羽柴秀勝の下にいた（2人は合戦直後に死亡）。賤ヶ岳七本槍は織田信秀の配下を顕彰した「小豆坂《あずきざか》七本槍」を参考にしたと思われるので、7人にするための人数合わせが必要となり、秀吉直臣ではない2人を除いたのかもしれない。

七本槍にはもう一つ謎がある。7人の賤ヶ岳での活躍には、不明な部分が多いのだ。

加藤清正像《模本》（左）と福島正則像《模本》（右）。いずれも賤ヶ岳七本槍に数えられる（左／東京大学史料編纂所所蔵）（右／東京国立博物館所蔵／出典：ColBase）

例えば、合戦直後に秀吉の御伽衆《おとぎしゅう》が作成した『柴田退治記』によると、加藤清正は先陣を切って敵陣を突破したというが、具体的な戦果は書かれていない。にもかかわらず、他の秀吉の家臣や織田家重臣をさしおいて、なぜか七本槍だけが大々的に賞賛されている。

おそらく秀吉は、先陣を任せた小姓を賞賛することで、家臣団を喧伝しようとしていた。

秀吉は下級身分の出身なので、代々仕える有力な家臣がいなかった。だからこそ、賤ヶ岳で先陣を任せた小姓たちを持ち上げて羽柴家臣団の格を上げ、秀吉政権の安定化を図ったのだろう。『柴田退治記』は秀吉の正統性をアピールする狙いがあるため、7人の喧伝もその一環だと思われる。情報戦略で有名になった「英雄」が、後世に賤ヶ岳七本槍として広まっていったのではないだろうか。

14

関ヶ原の戦いで家康が直接指揮をとったというのはウソ

通説

豊臣秀吉の死後、徳川家康は秀吉の遺言を無視して有力大名を取り込み、勢力を拡大する。これに反発した石田三成は、反徳川派の諸将をまとめて挙兵。家康も軍をまとめ、両者は関ヶ原の地で激突した（関ヶ原の戦い）。一進一退の攻防が続いたが、小早川秀秋《こばやかわひであき》の裏切りで三成率いる西軍は総崩れとなり、家康ら東軍が勝利を飾った。

関ヶ原の戦いの様子（「関ヶ原合戦絵巻」国会図書館所蔵）

真相

関ヶ原の戦いの通説は、江戸時代の軍記物や明治時代に陸軍がまとめた戦記に強く影響を受けている。**同時代の史料によると、戦いに要したのは2時間程度で、家康が到着する前に勝敗が決していたともいわれている。**

即座に終わっていた決戦

慶長5年（1600）9月15日、徳川家康率いる東軍と石田三成率いる西軍が、美濃《みの》国関ヶ原（岐阜県不破郡《ふわぐん》関ヶ原町）にて激突した。有名な関ヶ原の戦いである。小早川秀秋が東軍に寝返ったことで西軍が総崩れとなり、戦いは半日で終結した――。幾度も時代劇や小説の題材にされてきたエピソードなので、ご存じの方も多いだろう。しかし、すでにこの通説は見直され、新しい解釈が定着しつつある。

通説では、西軍は低地に布陣した東軍を、山岳部（笹尾山《ささおやま》〜松尾山《まつおやま》）から覆うようにして陣を敷いていたとされる。しかし、その根拠はかなりあいまいだ。陣形図は軍記物や後世の編纂書《へんさんしょ》を参考にして日本陸軍がつくったものであり、**合戦当時の布陣は大部分が不明**なのである。

そもそも、関ヶ原の戦いを「徳川対豊臣」と位置付けること自体が、現在では疑問視されている。東軍と西軍が衝突したのは、あくまでも豊臣家中の主導権を握るためである。名目上、全国の大名は豊臣家の家臣であり、家康に味方した大名たちの大半も豊臣方だ。彼らは石田三成に反発して家康に味方したが、徳川家の家臣になったわけではない。**徳川家直属の兵は7000人ほどで、家康は東軍の主導権を完全には握っていなかった**。

小早川の裏切りにしても、通説では家康の鉄砲がきっかけとされているが、実際には開戦直後から、小早川は動いていた。東軍の武将2人が合戦後の9月17日に交わした書状によれば、秀秋は戦いが始まると即座に裏切ったというのだ。イエズス会の『十六・七世紀日本報告集』にも「始まって間もなく家康の軍勢に移った」と記録されており、信頼性は高いと考えていいだろう。秀秋が開戦直後に裏切っていたのなら、決着は2時間程度でついていたと思われる。

さらには、家康が関ヶ原の戦いに参戦していないという説もある。家康の侍医《じい》が記した『慶《けい》長年中卜斎記《ちょうねんちゅうぼくさいき》』によると、合戦翌年、家康は側近たちに「（関ヶ原で）下知なく反撃した田中

家康が本陣を置いたと伝わる桃配山

吉政の働きは見事であったな」と戦いを懐かしんだ。田中隊は南宮山東麓《なんぐうさんとうれい》で長宗我部《ちょうそかべ》隊と戦ったというが、家康が布陣した桃配山《ももくばりやま》から、南宮山は見えない。

この矛盾から、歴史家の高橋陽介氏は家康が桃配山にいなかったと考えた。家康は南宮山北東の美濃赤坂を行軍中で、**開戦直後には戦場にいなかったのでは**というのだ。この推測が正しければ、「家康が味方を鼓舞するために本陣を前戦に移動させた」「裏切りをためらう秀秋に鉄砲を撃ちかけた」などの逸話は、全て作り話となってしまう。

ただ、『慶長年中卜斎記』は誤記と思われる記述が散見しており、信頼性に疑問を抱く研究者もいる。

家康が戦場にいたかどうかは不明ながら、通説よりも早く合戦が終わったと考えていいだろう。後世になって関ヶ原の戦いは逸話で飾られ、その結果家康の権威は強化されたのだった。

15

天皇が下賜した錦の御旗が鳥羽・伏見の戦いで使われたというのはウソ

通説

薩長《さっちょう》を中心とする新政府軍と旧幕府軍が衝突した戊辰《ぼしん》戦争。その緒戦となった鳥羽《とば》・伏見《ふしみ》の戦いで、新政府軍は前線に「錦《にしき》の御旗《みはた》（錦旗《きんき》）」を掲げた。これは明治天皇から賜《たまわ》った旗で、朝敵を征伐する官軍であることを示すシンボルでもある。その威力は絶大で、錦旗を見た薩長軍の士気は一気に上がる一方で、賊軍となったことを知った旧幕軍は戦意を喪失。錦旗が新政府軍勝利の大きな要因となった。

鳥羽伏見の戦いを描いた錦絵（「慶長四年大功記大山崎之図」国会図書館所蔵）

真相

新政府軍が立てた錦の御旗は、天皇から下賜されたものではなかった。**旗は戦況を有利に導くために新政府側が自前で準備したもの**で、作成には岩倉具視《いわくらともみ》や大久保利通《おおくぼとしみち》らが関与していた。

討幕のために密造された錦の御旗

朝敵を征伐する官軍の証として天皇が下賜《かし》した旗を、「錦の御旗」という。その始まりは鎌倉時代にさかのぼるとされ、承久《じょうきゅう》3年（1221）に勃発した承久の乱において、後鳥羽《ごとば》上皇が配下の将に与えた旗印が日本史上初の錦の御旗であったとされる。その後、錦旗は逆賊討伐に際して、官軍の大将に授けられるのが慣習となった。

慶応《けいおう》4年（1868）に起こった鳥羽・伏見の

戦いにおいても、錦の御旗は新政府軍の旗印として用いられる。ただし、このときの旗は天皇から授けられたものではなかった。**天皇の威光を利用するために、公家の岩倉具視と薩長のメンバーが製造した**のだ。

旗のデザインは、岩倉の側近を務めた国学者・**玉松操《たままつみさお》**が手がけた。玉松は王政復古の大号令を起草した人物でもある。岩倉は玉松が描いた図案をもとに、薩摩藩の大久保利通と長州藩の品川弥二郎《しながわやじろう》に旗の製造を依頼。大久保が素材となる布地を調達し、品川がこれを長州に持ち帰った。製造作業は藩内にあった養蚕《ようさん》施設の一室で進められ、人の出入りが厳重に管理された上で秘密裏に実行される。約1カ月を費やして十数本の旗が作られると、これらは山口城と京都の薩摩藩邸に運び込まれた。

同年1月4日、鳥羽・伏見の戦いのさなか、薩摩軍が本営を置いた東寺《とうじ》に2本の錦の御旗が掲げられる。いずれも赤を基調に1本は金で日輪を、もう1本は銀で月輪の図柄を配した色鮮やかなものであったという。旗は朝廷から許可を得たうえで用いられたとされるが、これをもって本物の錦旗と位置付けるかは研究者の間でも意見が分かれている。

だが、本物であれ偽物であれ、錦の御旗は戦場で絶大な効果を発揮した。「錦旗あがる」の報《しら》せに、それまで態度を決めかねていた土佐藩の軍勢は、主君の命を待たずに薩長軍に合流。他の諸藩も次々と「官軍」に呼応した。戦場に翻る旗を見て薩長の兵士の戦意は一気に高まり、

戊辰戦争のときに新政府軍が用いた錦の御旗の模写図（「戊辰所用錦旗及軍旗真図」国立公文書館）

なかには涙を流す者さえいたという。

片や錦旗の出現により「逆賊」の烙印を押されることになった旧幕府軍の精神的ダメージは甚大で、離脱者が続出した。

とりわけ大きな衝撃を受けたのが、旧幕府軍の総大将・徳川慶喜であった。慶喜は勤王《きんのう》思想の中心地である水戸藩の出身で、皇室を崇拝する教えを徹底して受けてきたといわれる。それゆえ自身が朝敵とみなされたことは相当なショックであったようで、1月6日には自軍の将兵を置き去りにしたまま江戸に退いてしまう。これにより旧幕軍は総崩れとなっている。

なお、山口県立山口博物館には、錦旗を製造する際に余った生地が「錦旗余片額」の名で収蔵されており、京都の仁和寺《にんなじ》には戦場で使用されたと伝わる錦旗が保管されている。

16 豊島沖海戦は清国海軍の砲撃から始まったというのはウソ

通説

日清戦争勃発直前の明治27年（1894）7月25日、日本艦隊は朝鮮半島豊島《ほうとう》近海を航行する清国艦隊と遭遇した。日本艦隊は停戦命令を発したものの、清国艦隊がこれを無視。戦闘が勃発し、戦いは日本の勝利に終わった（豊島沖海戦）。どちらが先に砲撃したかをめぐって諸説あったものの、日本軍側の詳細な記録から、清国側が撃ったとする見方が有力である。

豊島冲海戦を描いた錦絵（「朝鮮豊島沖日清海戦之図（部分）国会図書館所蔵」）

真相

清国先制攻撃説は戦闘後にまとめられた史料をもとに成り立っていたが、この史料は意図的に誤って記述されていた。**明治の軍令部と海戦に参加した将校の戦闘記録では、先に発砲したのは日本海軍側だと結論付けられている。**

日清どちらが先に撃ったのか

明治27年（1894）8月1日、日本は清国に対して宣戦布告したが、実質的にはその数日前に、戦争は始まっていた。7月25日、場所は朝鮮半島仁川《じんせん》沖《おき》の豊島付近。この海上で、巡洋艦吉野・浪速《なにわ》・秋津《あきつ》洲《しま》からなる日本軍の第一遊撃隊と、清国の巡洋艦済《さい》遠《えん》・広乙《こうおつ》が海上戦を繰り広げたのである。

戦いは、日本軍の勝利で幕を引いた。日本側は広乙を撃破し、さらには追撃中に遭遇した砲艦を拿捕《だほ》、輸送船1隻も沈めている。

この勝敗に異論の余地はない。問題は日本と清国、どちらの艦隊が先に撃ったか、だ。

日本では長年、清国による先制攻撃とする説が支持されてきた。海軍軍令部の『明治二十七八年海戦史』には清国艦隊の先制攻撃が記録されており、陸軍参謀本部も『明治二十七八年日清戦史』で済遠が吉野に奇襲したと記述する。記録は詳細で、根拠とするには十分であるかにみえた。

しかし戦後の研究により、現在では日本先制攻撃説が支持されるようになっている。現場の将校が、日本からの先制攻撃だと報告していたことがわかったのだ。

浪速艦長だった東郷平八郎《とうごうへいはちろう》は、日記に「清国の済遠と広乙を発見してすぐに戦闘を命じた」という内容を書き残している。第一遊撃隊司令官の坪井航三《つぼいこうぞう》少将も、『戦闘詳報 第一号』で日本艦隊の先制砲撃を認めている。さらに連合艦隊司令長官の伊東祐亨《いとうすけゆき》大将が大本営に送った7月28日午前8時45分発の暗号文にも、「即刻開戦砲撃す」と記されている。

だが、そうした現場の報告を無視して、**大本営は清国から撃ったと記録を改竄《かいざん》した**。海軍が開戦の責任を負いたくなかったとも、**国際的な批判を恐れた**ともいわれている。

当時の国際法上、宣戦布告の義務はなかったので、海軍が先制攻撃したとしても合法である。だが、海軍の別行動が戦時国際法に違反する恐れがあった。清国巡洋艦を追撃中に日本艦隊が

日清戦争時の外相・陸奥宗光（左）と海軍大臣・西郷従道（右）（いずれも国会図書館所蔵）

沈めた輸送船は、清国に協力中のイギリス船舶だった。するとイギリスの世論は、交戦国以外の民間船舶に攻撃した日本を、国際法に違反していると非難する。

この騒動は、イギリス法学者のホランドが「清国に協力した輸送船にも非がある」と反論したことで、沈静化したかにみえた。だが、すぐにさらなる問題が発覚する。**輸送船の撃沈後、日本軍はイギリス人乗員だけを救助して、漂流する清国兵を置き去りにしていた**のだ。これには一度は擁護に回ったホランド博士も手厳しく、イギリス海軍の中将も問題視していた。

そんな状況で日本の先制攻撃が知られてしまうと、国際法上は問題なかったとしても、人道上の理由から非難を浴びるかもしれない。そのため、大本営は清国側の責任にしたとされている。

17

乃木希典が旅順要塞攻略で突撃にこだわった愚将というのはウソ

通説

日露戦争中、日本軍はロシア軍占領下の遼東半島旅順《りょうとうはんとうりょじゅん》を攻撃した。旅順には強固な要塞が築かれていたが、第三軍司令官の乃木希典《のぎまれすけ》陸軍大将が無謀な突撃を繰り返したことで、人的被害が拡大。三度目の総攻撃で要塞は陥落したものの、日本軍は約13万人のうち約6万人の死傷者を出す結果となる。闇雲な突撃にこだわった乃木は、陸軍の硬直した思考の象徴といえよう。

旅順要塞攻略中の日本兵

真相

乃木は突撃戦術を早々に中止し、支援砲撃と塹壕《ざんごう》工作による戦術に切り替えていた。そもそも日本軍は有効な要塞攻略法を持っておらず、旅順で苦戦続きだったのは戦術面での不備にも原因があった。

乃木希典は愚将なのか

旅順要塞攻防戦は、日露戦争最大の激戦として知られている。遼東半島先端部にある旅順はロシア太平洋艦隊の根拠地であり、防衛用の要塞も築かれていた。日本軍はロシア海軍を無力化するため、旅順攻略を計画。明治37年（１９０４）８月19日、日本海軍の湾口封鎖失敗により、陸軍による要塞攻略が始まった。

結果的に陸軍は旅順を陥落させたものの、攻略を担当した第三軍の司令官・乃木希典大将の評判は悪かった。攻略に5カ月近くも時間をかけた挙句、6万人もの死傷者を出したからだ。作家の司馬遼太郎は「機関銃を知らない乃木は、防壁と無数の銃座の前に無謀な突撃を繰り返した」と著書にて記しており、そのイメージが一般的に広がっていったとみられる。

だが実際には、乃木は突撃戦術にこだわってはいなかった。第一次総攻撃（8月19～24日）において砲撃支援の下で突撃戦術をとったが、**要塞を陥落できなかったことで、戦術を変更している**のである。

明治の陸軍が学んだドイツ流戦術に要塞の有用な攻略法はなかったので、乃木は工兵参謀の井上幾太郎少佐らの助言を取り入れ、フランス式の要塞戦術に切り替えた。敵陣地まで塹壕を築いたのち、機関銃と砲撃の支援を受けながら防備の薄い個所に突撃したり、地下坑道から敵拠点に爆薬を仕掛けたりしたのだ。

戦術を変えて9月19日から再攻撃を始めると、陸軍は二つの堡塁《ほるい》（陣地）と南山《なんざん》坡山《はざん》を攻略し、旅順湾内への砲撃も実行した。第二次総攻撃中の10月30日には、第9師団が盤龍山の最重要拠点であるP堡塁占領に成功し、北東防衛ラインを陥落寸前にまで追い詰めている。砲弾が不足して総攻撃は一日で中止となったが、戦果は十分にあがっていた。

11月26日からは、第三次総攻撃が開始される。このとき優先されたのは、二〇三高地の攻略

旅順要塞攻略の際に導入された二十八糎（さんち）砲

だ。海軍の要求に基づき、二〇三高地を攻略して砲撃観測所を設置し、旅順港の攻略に役立てようとした。1000発以上の砲撃が支援するなか、夜襲なども含めて歩兵が攻撃を重ねたことで、12月5日に陥落した。

二〇三高地攻略では人的被害が大きかったものの、第一次総攻撃の反省をふまえ、**他の戦線で肉弾突撃は禁止されていた**。そして明治38年（1905）1月1日、第9師団と第11師団が突撃して重要拠点の望台を陥落させたことで、旅順要塞のロシア軍は降伏した。

約6万人もの死傷者が出たものの、砲撃の支援もなく塹壕も利用していなければ、被害はさらに拡大していただろう。乃木は当初の戦術に固執したのではなく、状況に応じた戦術を用いて強固な要塞を落としたのである。

18

火力主義に基づき日本陸軍がロシアを圧倒したというのはウソ

通説

日露戦争時、日本陸軍は大国ロシアの陸軍を圧倒した。その勝因は、先進的な戦術を学んでいたことにある。日本陸軍はドイツ軍を参考に、大量の砲兵火力を集中させる「火力主義」を重視していた。対するロシア軍は、兵士が武器を手に近接戦闘を繰り広げる、旧来の白兵主義を基本としていた。日本陸軍は近代的戦術に基づいてロシア陸軍を蹴散らし、陸上で快進撃を続けたのである。

日露戦争においてロシア軍に砲撃を加える日本軍

真相

日本陸軍は銃弾・砲弾が慢性的に不足しており、**火力主義は思うように機能しなかった**。物量に勝るロシア陸軍に苦戦を強いられ、決定的な打撃を与えることは最後までなかった。

日本に合わない火力主義

火力主義とは、大量の火砲を集中させることで敵軍の圧倒を目指す戦術思想だ。

世界の軍隊で主流の戦術となるのは第一次世界大戦からだが、明治時代の日本陸軍は、この戦術をいち早く取り入れていた。士官たちは、陸軍大国であるドイツの教官から火力主義を学んでいたのだ。陸軍はフランス式の火砲も有していたとされている。

日露戦争ではその成果が表れ、火力を重んじた合理的な戦術でロシア陸軍を苦しめたと語られてきた。当時の日本陸軍はフランス製機関銃を多数配備するなど、世界的に見ても先進的だったとされている。

確かに、日本陸軍が火力を重視したのは事実だ。鴨緑江渡河《おうりょっこうとか》戦や南山《なんざん》の戦いなど、日本軍が火力主義に基づき圧倒した戦いもある。とはいえ、全体としてみれば、火力主義は貫徹されなかった。**膨大な数の砲門と砲弾を現場に供給し続けることができなかった**からだ。

当時の日本は工業生産力に乏しく、欧米のような大量生産は難しかった。火砲は開戦までに1200門を用意し、極東方面ロシア軍の1600門（開戦時）に迫るまでになっていたが、砲弾数が問題となった。軍民一体で1カ月に約1万発の砲弾生産を実現していたものの、実戦ではまるで足りなかったのだ。

日本が勝利した南山の戦いでは、たった2日間の攻防で国内生産3カ月分の砲弾を消費してしまった。開戦半年後には陸軍全体の砲弾が欠乏し、鹵獲《ろかく》したロシア砲まで活用している。それでも砲弾不足は解消できず、ついには独英に砲弾を緊急発注することになった。

また、歩兵の銃弾も不足しており、開戦4カ月後には早くも節約を余儀なくされている。南山の戦いでは日本兵一人につき平均90発の銃弾を使っていたが、翌月の得利寺《とくりじ》の戦いでは3分の1ほどに激減。一部の部隊で兵全員の弾が尽き、投石で抵抗したという逸話まである。

さらに**18日間続いた奉天会戦では、歩兵は平均5発から6発しか撃たなかった**。奉天会戦は

奉天から撤退するロシア軍

日本軍だけでも約25万人が参戦した決戦だ。兵数が多い分、一人当たりの弾数は減るものの、それを加味したとしても少ない。現場の弾薬不足は限界に達していた。

火力が不足していた日本陸軍は、最後までロシア軍に致命的損害を与えられなかった。**奉天会戦では弾薬の欠乏により、撤退中のロシア軍に追撃ができずに敵兵力の4分の3を取り逃がしている。**

それでもロシア軍に善戦できていたのは、一つには密度の高い電信網で各部隊が高度に連携していたからだ。

だが、もしも終戦が1年遅れていたら、日露戦争は違った結果になっていたかもしれない。ロシアは停戦交渉において、最後まで賠償金の支払いに応じなかったが、それは日本の疲弊を見越していたからなのだろう。

19

第一次上海事変で3人の兵士が志願して自爆突撃したというのはウソ

通説

第一次上海事変の際、自ら志願して爆弾とともに敵陣に飛び込み、自爆した3人の日本兵がいた。命と引き換えに国に貢献した彼らは、「爆弾三勇士（肉弾三勇士）」と称えられる。その死はメディアで大々的に取り上げられ、三勇士を題材にした映画が製作されるなど、国民的英雄として賞賛された。

「大阪毎日新聞」に掲載された爆弾三勇士の記事

真相

3人の兵士は、**志願ではなく命令に従って命を落とした**。自爆も狙ったものではなく、**予想外のアクシデント**だったのだが、軍部は国民の愛国心を高めるために、「覚悟のうえの自爆」と発表した。

爆弾三勇士の死はアクシデント?

昭和7年（1932）に勃発した第一次上海事変は、日中間の局地戦争だ。戦闘は、満州事変のさなかの1月に起きた。上海で日本人僧侶が中国人に殺害されて日中の対立がエスカレートし、武力衝突へと発展したのだ。中国軍の主体となったのは「アイアンアーミー（鉄軍）」の異名を持つ精鋭部隊・第19路軍《ろぐん》で、迫撃砲や野砲を猛射するなど強い抵抗をみせた。

そうした激しい攻防戦中に、「爆弾三勇士」の美談は誕生する。舞台となったのは、上海北部の小村落・廟行鎮《びょうこうちん》だ。第19路軍はこの一帯に防衛線を築いて日本軍の進軍を妨害する。**防衛線は高さ約3メートルの鉄条網を張り巡らせた非常に強固なもの**で、背後には中国軍の強力な機関銃隊が配置されていた。日本軍の進軍は難航し、死傷者が続出した。

事態を打開すべく、日本軍は敵陣の破壊を目的に一つの作戦を決行する。導火線に火のついた爆弾ごと鉄条網に飛び込むという危険な作戦だ。この任務にあたったのが、日本陸軍工兵第18大隊に所属する一等兵の江下武二《えしたたけじ》、北川丞《きたがわすすむ》、作江伊之助《さくえいのすけ》であった。

2月22日、江下らは猛烈な弾雨の中、長さ約4・5メートルの破壊筒《はかいとう》（爆弾）を抱えて敵陣に突撃。鉄条網の破壊に成功したものの、爆破に巻き込まれ死亡した。3人ともまだ21歳であった。

この壮絶な死を、陸軍は覚悟のうえでの自爆と発表し、3人を軍神として顕彰する方針をとった。各新聞社は彼らが死を厭わず任務に志願した旨などを大々的に報道。命を捨てて国に尽くした3人を「爆弾三勇士」と称え、紙面には「『帝国万歳』と叫んで我が身は木端微塵《こっぱみじん》」「これぞ真の肉弾！壮烈無比の爆死」といったセンセーショナルな見出しが躍った。

だが、旧内務省が保管していた爆弾三勇士に関する文書などによると、軍部の発表や一連の報道には事実と異なる点がある。

まず、**作戦は志願ではなく、上官の命令で行われた**。本来の任務は「鉄条網に破壊筒を差し

第一次上海事変において銃を構える中国側の兵士

込み、その後は自軍の拠点に帰還すること」であった。**自爆は命じられなかった**し、彼らに自爆する意志はなかっただろう。

それでも彼らが戦死したのは、任務途中で転倒し、作戦決行が難しくなったからだ。3人は引き返そうとしたものの、上官から作戦の続行を命じられた。そのため鉄条網に突進して、そのまま戻ることができず爆死に至ったと考えられる。

爆死した要因について、彼らが抱えていた破壊筒の導火線が、上官のミスにより通常より短く切断されていたという指摘もある。

いずれにせよ爆死を命じられたわけではないが、軍部は真実を伝えなかった。むしろ、**3人を神格化して国民の愛国心を養い、戦意を高めようとしていた**。美談は熱狂的に受け入れられ、爆弾三勇士をテーマにした映画や軍歌が相次いでつくられた。

20

三四三空が日本軍のエリート部隊だったというのはウソ

通説

太平洋戦争後期の日本本土防空戦において、アメリカ軍に一矢報いた航空隊があった。「三四三海軍航空隊（三四三空《さんよんさんくう》）」だ。別名を「剣部隊《つるぎぶたい》」といい、源田実《げんだみのる》大佐により各部隊から選抜されたエースで構成された。最新鋭機「紫電改《しでんかい》」を配備され、昭和20年（1945）年3月の初陣では敵機を50機以上撃墜するなど、アメリカ軍機を圧倒。不利な戦局を変えるまでには至らなかったが、航空部隊としての実力は日本最強だった。

三四三空の生みの親である源田実大佐（右）

真相

三四三空にいたエースパイロットはほんの一握りで、**大半は他の部隊と同様に新人と普通のパイロットで構成されていた**。また、紫電改は連合国の基準に照らせば性能は普通で、実戦でアメリカ軍機を圧倒したわけではなかった。

エース部隊の伝説と真相

日本本土空襲が激化していた昭和19年（１９４４）末、海軍参謀の源田実大佐は、ベテランパイロットと最新鋭機で構成された航空部隊設立を発案した。本土の制空権を奪還し、アメリカ軍の進撃を阻むためである。軍令部は源田の提案をすぐさま了承し、翌年2月、松山基地に三四三空を配備。構成は三個戦闘機隊（のちに訓練用部隊を増設）と偵察隊であった。

部隊の活躍は目覚ましく、3月に起きた松山航空戦では、アメリカ軍航空隊160機のうち58機を撃墜。三四三空は63機中15機を失ったものの、久々の大勝として連合艦隊から感謝状を贈られている。日本最強の戦闘機隊として語り継がれてきた所以である。

ただ、日本最強の部隊という評価は過大だという意見もある。

連合国の機体と比べると、紫電改に突出した性能はなかった。松山市上空での戦いにおける58機撃墜という記録は、あくまで日本軍による発表である。アメリカ軍の記録では、機体の喪失数は14機。日本軍が意図的に偽って発表したか、戦果を誤認していた可能性が高い。こうした偽りと誤認の発表は、日本軍では状態化していた。

その他の戦いでも、戦果誤認が目立った。34機中30機以上を撃墜したという鹿児島湾の航空戦でも、アメリカ軍の発表では被害は4機のみ。三四三空が敵軍を圧倒したことは一度もなく、戦力が充実したときでも互角程度であった。それに3月後半頃までは旧式の「紫電」で水増ししており、すべての戦闘機が紫電改だったわけではなかった。

通説の誤りはこれだけではない。「エース部隊」という看板さえも、誤りだった。

日本軍の戦闘機隊はパイロットをAからDまでにランク分けし、普通の部隊では経験豊富なAを10名前後、残りの大半はCを配備していた。三四三空の場合も、Aのパイロットは170人中35人と全体の2割ほどで、大半はCランクだった。一般部隊と変わらなかったのである。

三四三空にも配備された紫電改（試作機）

この点は源田本人も認めており、戦後に出版した始末記で「未経験者も少なくなかった」と語っている。とはいえ、三四三空がアメリカ軍に警戒されたことも事実であり、機動部隊では「九州上空にて熟練した日本の戦闘機隊に遭遇した」と警告が発せられていたという。

三四三空の真の強みは、数と戦術である。部隊は各戦闘機隊48機を定数にするという、戦争末期の日本軍にあって突出した物量を有していた。実際には最後まで定数は充足しなかったものの、5カ月の間迎撃行動を行えるだけの数は維持されていた。

また、ベテランを含む100人以上のパイロットをそろえたことや、4機編成という先進的な編隊飛行を取り入れたことも、アメリカ軍機と渡り合えた要因だ。無敵のエース隊ではないにせよ、末期の防空戦を支えた貴重な戦力だったことは確かである。

21

戦艦大和は片道分の燃料を搭載して沖縄に出撃したというのはウソ

通説

昭和20年（1945）4月6日、戦艦大和を中核とする第二艦隊が沖縄へと出撃した。沖縄方面に展開中のアメリカ機動部隊撃退を表向きの目的としていたが、実態は浅瀬で浮き砲台になるという、事実上の特攻作戦だった。燃料は片道分、上空支援もなしという水上特攻の結果、大和は翌7日に300機以上の空襲によって沈没した。

広島県の呉工廠にて撮影された戦艦大和。呉から山口県の徳山港を経て沖縄へ向かった

真相

燃料は片道分だと命令されたものの、**現場の判断で全艦が数往復できるほどの燃料が大和には搭載されていた**。また少数ではあるが、上空支援の戦闘機部隊も一時派遣されていた。

燃料も援護もあった大和出撃

戦艦大和は、日本海軍が開発した世界最大の戦艦である。基準排水量6万4000トンという巨体で、世界で唯一、46センチ三連装砲を3基搭載していた。

海戦の主役が空母に移ったために実戦で活躍する機会がなくなっていたが、終戦末期に大本営より出撃命令が下される。昭和20年（1945）4月5日、大和は沖縄戦へと駆り出されることになったのだ。

作戦内容は、「大和を旗艦とする第二艦隊を沖縄近海に突入させてアメリカ艦隊を攻撃する」というものだった。沖縄はアメリカ機動部隊に包囲されており、戦艦が突撃すれば沈没するのは明白だ。しかも燃料は片道分のみで、戦闘機の上空支援はなし。事実上の水上特攻作戦である。6日出撃した第二艦隊は翌日に鹿児島県の坊《ぼう》ノ《の》岬《みさき》沖で約300機の空襲を受け、大和は奮戦むなしく撃沈した（坊ノ岬沖海戦）。

海戦の大筋は通説のとおりであり、大本営が燃料を片道分と定めたのも事実だ。連合艦隊司令部は、第一遊撃隊に対して山口県の徳山港での燃料補給を、2000トン以内にするよう命令している。大和だけではなく、部隊全体で2000トンだ。僚艦と分け合えば、大和が補給基地と沖縄を往来することはできないのは明白だった。

しかし、実は**大本営の命令は現場で守られていなかった**。連合艦隊参謀の小林儀作《ぎさく》大佐は呉《くれ》の燃料タンクを回り、空のタンクに残っている微量の石油をかき集めていた。「燃料を片道分しか渡さないのは武人の情ではない」と説得して小林が呉鎮守府の賛同を得ると、手押しポンプで石油が搾り出されていった。その結果、出撃時の大和は燃料約4000トン、軽巡洋艦矢《や》矧《はぎ》は約1250トン、駆逐艦8隻は全て満載状態となっていた。そのおかげで、海戦を生き残った駆逐艦4隻は無事本土に帰還している。

また、戦闘機の支援がなかったというのも、実は正しくない。**大和出撃を知った第五航空艦隊の宇垣纏《うがきまとめ》中将が、独断でゼロ戦の戦闘機隊を向かわせていた**からだ。第二艦隊の上空はゼ

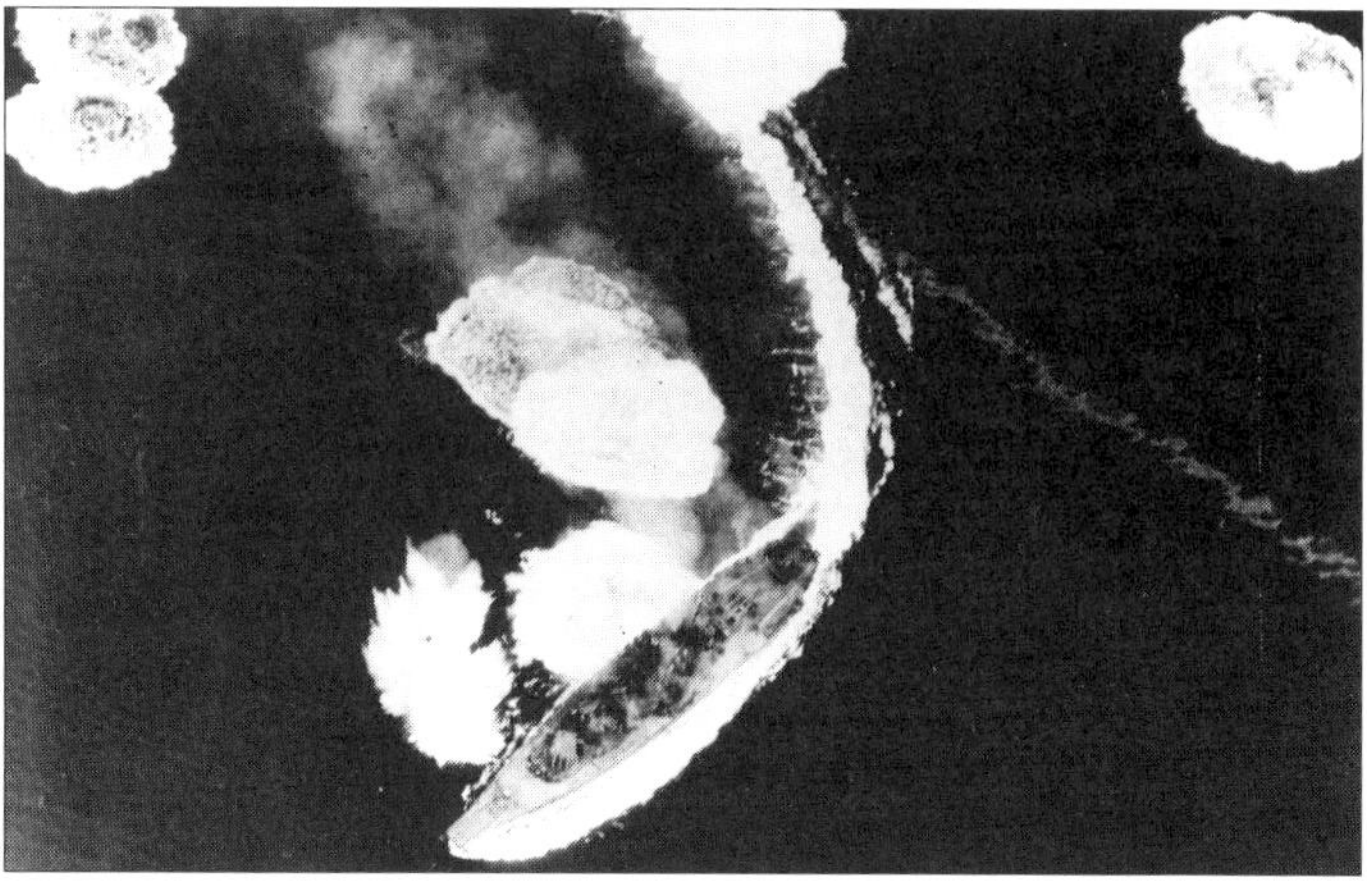

アメリカ軍の攻撃を避ける大和

ロ戦の部隊に一時守られていた。午前6時30分から5機、午前10時から10機のゼロ戦が大和を支援していた。

だが、正午までにゼロ戦は撤退し、その後の戦闘では日本戦闘機の支援を受けられなかった第二艦隊は、一方的にアメリカ軍の空襲を受けた。**大和の支援は急きょ決まったもので、まともな部隊を送れなかった**のだ。

さらなる増援も計画されたというが、実行前の12時40分よりアメリカ軍機の攻撃が始まり、午後2時40分に大和は沈んでしまう。仮にゼロ戦が残っていても、数百の機体相手に艦隊を守り切るのは非常に難しかっただろう。

大和が無謀な作戦で沈んだことに変わりはないが、現場では第二艦隊を沖縄へ送り届けようと努力した将校たちがいたのだった。

22

陸軍の暗号がアメリカに解読されなかったというのはウソ

通説

太平洋戦争中、日本海軍の暗号はアメリカ軍に筒抜けであったが、陸軍の暗号は安泰だった。無限乱数式という複雑な方式を使った陸軍の暗号は、最後まで完全には解読されなかったからだ。これは戦後にアメリカ軍関係者も認めている。のちに自衛隊が陸軍暗号をそのまま使ったのも、機密性の高さゆえだった。

アメリカに鹵獲された外務省の暗号機。アメリカではパープル暗号と呼ばれた。陸軍の無限乱数式暗号機は一式一号印字機といい、外務省の暗号機より精度は高かった

真相

無限乱数式を使ったのは一部の部隊のみで、**大部分の部隊が使っていたのは従来の暗号形式**だった。陸軍暗号は昭和19年（1944）までに大半が解読されており、そうした解読済みの陸軍暗号が、戦後に公開されたアメリカの機密資料に大量に含まれていた。

陸軍暗号は安全だったのか

ミッドウェー作戦の暗号を解読されて大敗を喫した海軍とは異なり、陸軍の暗号は終戦まで無敵だった、というのがかつての通説だ。従来は規定の乱数を組み合わせる有限乱数式の暗号が使われていたが、これには乱数の法則性がばれると解読されるというデメリットがあった。そこで陸軍

は、同じ乱数を使用しない無限乱数式を使うようになる。工業大国アメリカでも無限乱数式の解読には苦戦し、終戦に至るまで解読できなかった。かつてはそんな風に考えられていた。

終戦直後の昭和20年（1945）9月にアメリカ軍が陸軍の暗号を調査した際も、その能力は高く評価されたという。通信課長の仲野好夫大佐がアメリカの調査担当者から、「（陸軍暗号は）完璧だった」と称賛されたと伝わっている。その評判の影響もあり、自衛隊（警察予備隊）も陸軍暗号をかなりの期間使用したとされている。

ところが、1970年代に驚くべき事実が判明した。**機密解除されて公開されたアメリカ軍の資料に、解読済みの日本陸軍電文が大量に含まれていた**のである。

実は、日本陸軍の暗号はすべて無限乱数式だったわけではない。開戦前に全部隊で乱数式暗号に切り替えられたと考えられてきたが、**無限乱数式は構造が非常に複雑で、大規模部隊での運用は困難だった**。有限式の100倍もの乱数が必要だったという説もある。使用は連隊同士の通信や大本営に関連する通信などに限られ、陸軍の大部分は有限乱数式か古い非乱数式の暗号を使用していたようだ。

アメリカの技術力であれば、陸軍が使っていた通常の暗号の解読は可能だった。昭和18年（1943）にアメリカ軍は陸軍の船舶暗号解読に成功し、航空暗号や陸軍中枢暗号の大部分を解読していた。さらに翌年1月にはニューギニアのシオにて、オーストラリア軍は日本陸軍第

アイタペにおいて日本軍を攻撃するオーストラリア兵。暗号解読により日本軍の作戦は連合国軍に漏れていた

20師団の暗号書を入手する。しかも第20師団は暗号書を処分したと報告したため、陸軍は何の対策も取らず、**結果として昭和19年（1944）中頃には月に2万通の陸軍暗号が解読されている**。

アメリカはこうした解読結果を積極的に活用した。昭和19年（1944）5月1日には輸送船団の出航時期を割り出し、潜水艦の待ち伏せで輸送船3隻を撃沈（日本海軍の暗号も解読済）。同年6月には、ニューギニア方面ウエワクの第18軍によるアイタペ攻略作戦の暗号文が解読された。2万人の兵力数や各師団の詳細な作戦行動が筒抜けになり、アメリカ軍は日本軍を撃退している。

昭和20年（1945）2月、陸軍はようやく暗号を更新したが、沖縄首里城撤退時にまたもや暗号書を奪われた。将校への意識改革は成功しなかったようだ。

日露戦争終結を話し合うためにアメリカのポーツマスに集まった日露米の面々。アメリカの仲介によりポーツマス条約が結ばれた。前列右から４番目が外相の小村寿太郎

第三章

政治にまつわるウソ

——開戦前後の駆け引きの実態——

23

天智天皇は大海人皇子に譲位をする気がなかったというのはウソ

通説

古代史最大の内乱である壬申《じんしん》の乱は、大友皇子《おおとものみこ》を皇位に就けるための謀略がきっかけだった。天智《てんじ》天皇は、第一皇子の大友皇子に譲位することを望んでいたが、そのためには弟の大海人《おおあま》皇子が邪魔だった。そこで、大海人皇子に譲位を持ちかけて謀反人にしたてようと画策する。だが、大海人皇子は罠だと見抜いて提案を拒否し、吉野にて出家。天皇が崩御《ほうぎょ》すると大友皇子が挙兵の準備を始めたので、大海人皇子はこれを倒し、皇位に就いたのである（天武天皇）。

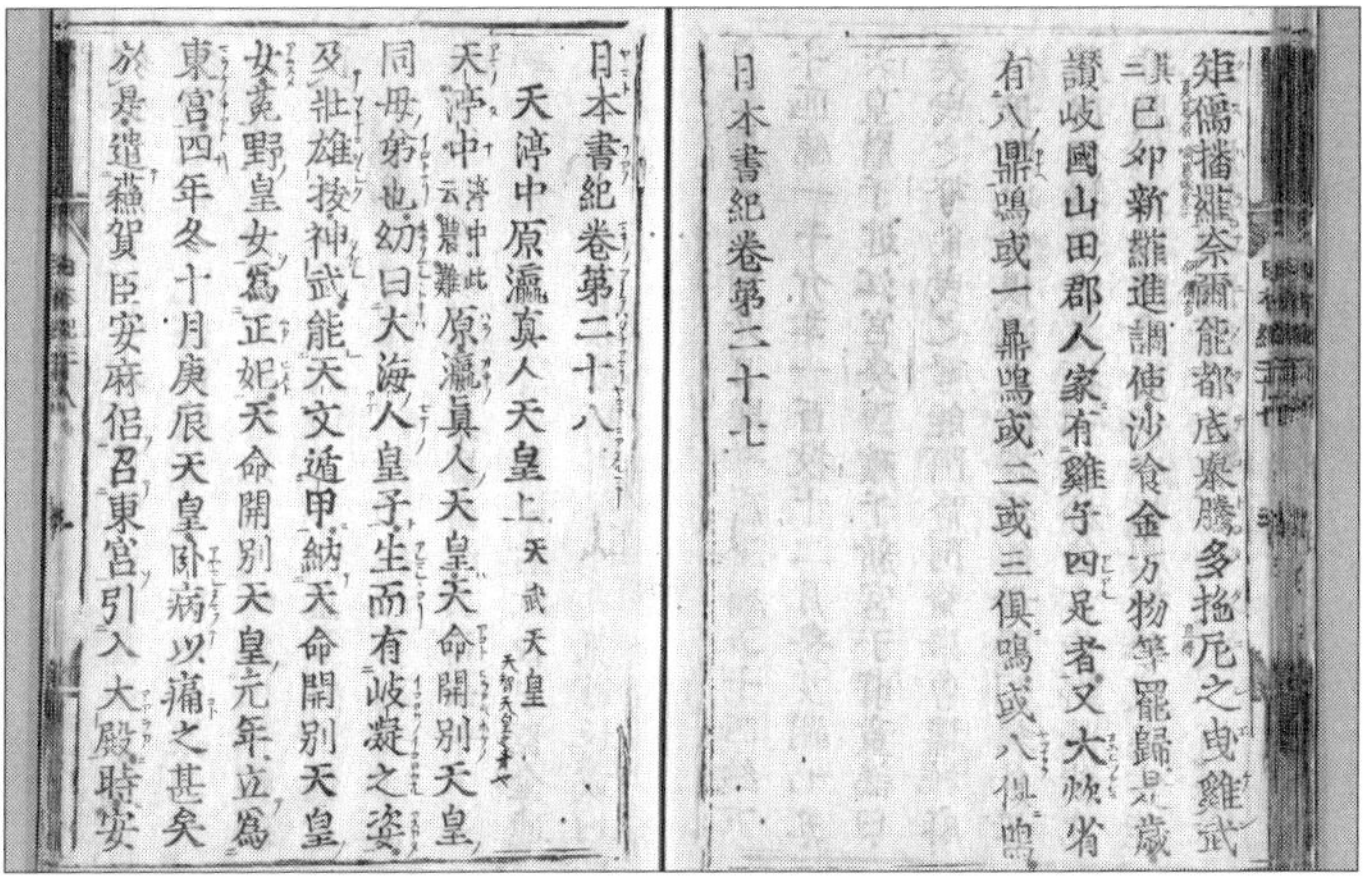
矩儞播羅奈爾能都底麼騰多揺尼之曳雞武
己卯新羅進調使沙飡金万物等罷歸是歳
讃岐國山田郡人家有雞子四足者又大炊省
有八鼎鳴或一鼎鳴或二或三倶鳴或八倶鳴
日本書紀巻第二十七

日本書紀巻第二十八
天渟中原瀛真人天皇上　天武天皇
天渟中渟中此云農難原瀛真人天皇天命開別天皇
同母弟也幼曰大海人皇子生而有岐嶷之姿
及壮雄抜神武能天文遁甲納天命開別天皇
女菟野皇女為正妃天命開別天皇元年立為
東宮四年冬十月庚辰天皇臥病以痛之甚矣
於是遣蘇賀臣安麻侶召東宮引入大殿時安

『日本書紀』において壬申の乱を記した巻二十八（国会図書館所蔵）

真相

天智天皇は大友皇子に譲位をする気はなく、**最初から弟の大海人皇子に皇位を継承させる気だったと考えられる**。また、挙兵は大友皇子からではなく、大海人皇子から起こしたともいわれる。

大友皇子に陰謀はなかった？

壬申の乱の発端は、『日本書紀』に次のように記されている。

天智10年（671）、病床の天智天皇は弟の大海人皇子を呼んで、次の天皇になるよう促した。だが、本当の目的は大海人皇子の排除である。第一皇子の大友皇子を次期天皇にするために、皇位継承権のある大海人皇子を除こうとしたのだ。

大海人皇子は罠だと察知して天皇の提案を辞退す

ると吉野に篭《こも》った。しかし、天智天皇が死去すると、不穏な情報が大海人皇子の耳に入る。大友皇子の挙兵計画が発覚したのだ。大海人皇子はやむなく先手を打って兵を挙げ、大友皇子を自害に追い込んだという。この記述をもとにして、「壬申の乱のきっかけは天智天皇と大友皇子の謀略だった」という説が通説化していた。

しかし、根拠とされる『日本書紀』は、天武天皇の皇子・舎人《とねり》親王が主となって編纂《へんさん》した史料である。当時の社会情勢や皇位継承に関する慣例を勘案すると、『日本書紀』の記述を文字どおり信じられるかは疑問の余地が残る。

歴史家の倉本一宏氏は、天皇が息子ではなく、大海人皇子を皇位継承者にするつもりだったと主張する。大海人皇子が一旦皇位を辞退したのは、それが当時の慣習だったからで、大友皇子が皇位に就く可能性はなかったという。根拠は、**大海人皇子と大友皇子の母親の出自**だ。

この時期の皇位継承には、父親だけでなく母親の身分も重視されていた。大友皇子は第一皇子だったが、母親は地方豪族出身の女官である。対して大海人皇子の母は皇極《こうぎょく》天皇（斉明《さいめい》天皇）だ。**天皇家とのつながりがより強い、大海人皇子のほうが皇位継承者としてはふさわしかった。**

母親の血統も重視されたのは、おそらく群臣の支持を得るためだ。当時は後継者選びに群臣たちの意見が強く反映された。血縁関係のある皇族の後ろ盾となり、皇位に就かせて影響力を強めようとしたのだ。そんな群臣たちが、血縁関係が希薄な大友皇子を推すとは考えにくい。

壬申の乱にまつわる伝承のある岐阜県関ケ原町の不破

さらに倉本氏は、**大海人皇子が計画的に挙兵の準備を進めていた**と主張する。

『日本書紀』には、大海人皇子は挙兵4日後に3000の兵を集めて不破《ふわ》の道を閉鎖したとある。しかし古代の通信手段では、準備もなく数千の兵を短期間で招集するのは不可能に近い。吉野脱出後に郡司や国司が続々と合流したとあるが、急な挙兵に群臣たちが集まるというのも、不自然である。

また、大海人皇子が使用人を大量に解雇したという記述に注目し、彼らが豪族たちと連絡を取り合い、挙兵の準備を整えたと主張する。

大海人皇子が挙兵を企てていたとしたら、目的は何だったのか？　権力欲とも、半島出兵を阻止するためとも、反大友派の鸕野《うのの》皇女《ひめみこ》（持統天皇）らにそそのかされたともいわれている。いずれもありえそうな説ではあるが、果たして真相はいかに。

24
藤原仲麻呂の乱は道鏡排斥が目的だったというのはウソ

通説

奈良時代後半、朝廷の政治を牛耳っていた藤原仲麻呂《ふじわらのなかまろ》が反乱を起こした。女帝・孝謙《こうけん》上皇（後の称徳《しょうとく》天皇）の寵愛を受けて台頭した僧・道鏡《どうきょう》を、排斥するためである。しかし、仲麻呂は朝廷側の軍勢に敗北し、戦死することとなった。

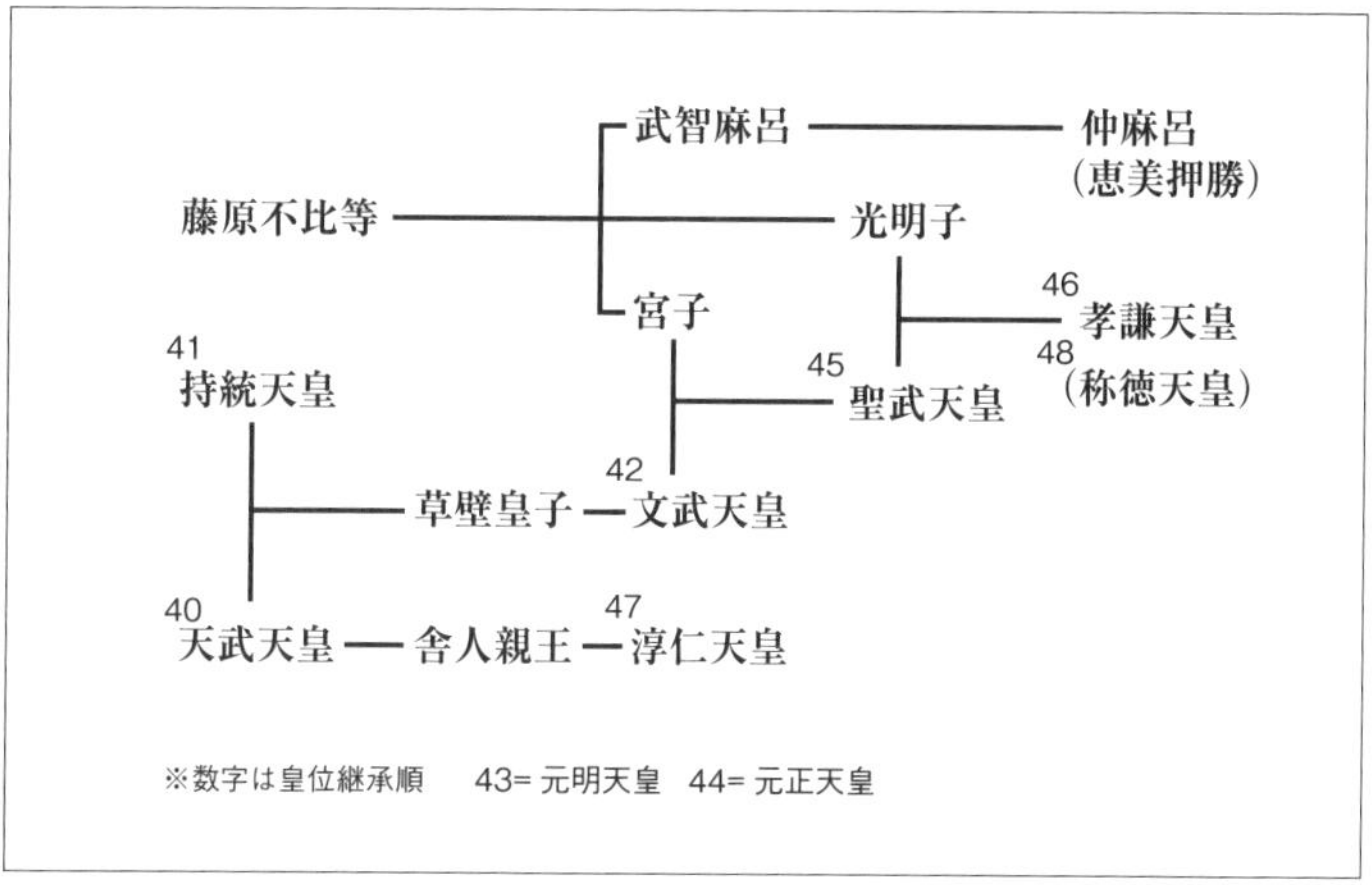

藤原仲麻呂系図

真相

仲麻呂が挙兵した目的は、道鏡の排除にあったわけではない。**上皇との対立や経済情勢の悪化などで政治的に追い詰められ、局面の打開を狙って挙兵し**たのであった。

道鏡には政治的権力も野心もなかった？

朝廷のトップに君臨しながらも、反乱に失敗して逃亡の末に戦死した公卿《くぎょう》。そんな栄華と没落の生涯を歩んだのが藤原仲麻呂だ。

仲麻呂の祖父は、大宝律令の制定や平城京遷都《せんと》などに携わった藤原不比等《ふひと》であり、叔母は聖武天皇の后の藤原光明子《こうみょうし》（光明皇后）だった。仲麻呂は皇后の権威を後ろ盾に朝廷内で権力を掌握していく。

権勢を求める仲麻呂は、皇室の後嗣《こうし》の決定にも介入した。孝謙天皇の皇太子・道祖王《ふなどおう》を廃し、自身の娘婿である大炊王《おおいおう》を後釜に据えて皇位につかせた。こうして淳仁《じゅんにん》天皇が即位すると、新天皇の権威を利用して政権を掌握。天皇から恵美押勝《えみのおしかつ》の名を賜り、最高位の役職である太政大臣《だいじょうだいじん》（大師）に任じられた。

そんな位人臣を極めた人物がなぜ反乱を起こしたのか？　理由は道鏡を朝廷から退けるためと考えられてきた。

道鏡は孝謙上皇の病を治したことがきっかけで、女帝の寵愛を一身に受けた人物だ。上皇の後ろ盾を得てスピード出世を遂げ、朝廷内で強い影響力を持つようになる。その勢いを恐れて仲麻呂は挙兵したと考えられてきた。だが、現在では異なる説が支持されるようになっている。

確かに上皇は道鏡を重用し、「大臣禅師《だいじんぜんじ》」や「太政大臣禅師《だいじょうだいじんぜんじ》」などの高い地位に任じている。ただ、これらはあくまで「僧位」であって、朝廷での職務権限を示すものではない。**道鏡が積極的に政治に介入できる立場にあったのかは不明**で、「道鏡が政務に関わった形跡は見られない」と指摘する研究者もいる。また道鏡には「女帝をたぶらかし皇位を狙った怪僧」などの伝承が残るが、これらは後世の創作で、俗説の域を出ない。

とはいえ、道鏡の存在が仲麻呂蜂起の引き金となったことは事実である。道鏡との親密な関係を淳仁天皇が諌めると上皇は反発し、「今後、国家の重要事項は自分が処理する」と宣言する。これにより孝謙上皇と淳仁天皇の関係は一気に悪化。同時に仲麻呂の求心力も低下する。

仲麻呂が発行を推し進めた万年通宝（左／奈良国立博物館所蔵／出典：ColBase）。奈良県霊安寺塔跡出土。それ以前の通貨は和同開珎（右／東京国立博物館所蔵／出典：ColBase）

この頃の仲麻呂は失策続きだった。仲麻呂は天《てん》平宝字《ぴょうほうじ》4年（760）に万年通宝《まんねんつうほう》を発行している。従来使用されていた和同開珎《わどうかいちん》の10倍の価値を持つ貨幣だ。これが経済を混乱させ、3年間で米価が約5倍に上昇するなど物価の高騰を招いた。さらに追い打ちをかけるように畿内で飢饉《ききん》と疫病が発生。仲麻呂は急速に支持を失っていく。

焦った仲麻呂は窮地を打開すべく、軍事権掌握という強硬手段に出る。公文書を偽造して兵力の増強を図ろうとしたのだが、不正は部下の密告により発覚。進退窮まった仲麻呂はついに挙兵する。

しかし、上皇側が先手を打って皇権の発動に必要な玉璽《ぎょくじ》を淳仁天皇から奪ったため、淳仁天皇は仲麻呂を支援する軍令を出せなくなった。仲麻呂は近江（滋賀県）に逃亡するも琵琶湖の船上で捕縛され、妻子もろとも斬殺されることとなった。

25 源義経は後白河法皇の策略で謀反を起こしたというのはウソ

通説

平氏討伐に大きく貢献したものの、兄の源頼朝と対立を深めて、源義経は命を落とした。この背景には、兄弟の仲違いを狙う後白河法皇《ごしらかわほうおう》の策略があった。法皇は頼朝の許可なく義経に官位を与えて両者の関係を崩したのだ。その結果、元暦《げんりゃく》2年（1185）10月に義経は謀反を起こしたのである。

源頼朝と義経（「大日本歴史錦絵」国会図書館所蔵）

真相

頼朝は義経の任官を黙認しており、これが兄弟対立の原因とはいえない。頼朝と義経が対立したのは、義経を囲い込もうとする法皇の暴走と、反頼朝派である源行家との結託が露呈したためである。

政治センスのなかった英雄

治承《じしょう》・寿永《じゅえい》の乱の英雄といえば、源義経である。義経は源氏の総大将源頼朝の弟にして、一ノ谷の戦いなど多くの合戦で勝利した稀代の兵法家であった。平氏打倒最大の功労者というわけだが、戦いが終わると頼朝との関係が悪化し、ついには兄への謀反を起こしてしまう。この対立を裏で操ったとされたのが、後白河法皇だ。

平家滅亡が確実となると、法皇は源氏の力を削ごうと画策する。法皇は義経に、都の治安維持を担う検非違使《けびいし》の職と左衛門少尉《さえもんのしょうじょう》の官位を与えた。義経はこれに応じたが、頼朝の許可を得ない任官は源氏内で禁止されていた。そのため義経は兄からルール破りを激しく責められてしまう。これにより両者の対立はピークに達し、義経は謀反を起こしたといわれる。

だが、こうしたエピソードは鵜呑《うの》みにできない。鎌倉時代の歴史書『吾妻鏡《あづまかがみ》』の記述に基づいており、鎌倉幕府の正当性を示すために頼朝をひいきしている節があるからだ。

義経が任官を受けたことは事実ながら、**頼朝が激怒したことを裏付ける史料はない**。むしろ、任官後も乳母の孫娘との婚姻を後押しするなど、頼朝は義経を重用していた。つまり、任官がきっかけで仲違いをしたわけではないと考えられる。

ではなぜ頼朝との関係が悪化したのか？　考えられている要因は二つある。

ひとつは、**壇ノ浦の戦いにおける失策**である。頼朝は三種の神器《じんぎ》と安徳《あんとく》天皇を保護するために、壇ノ浦では持久戦を取るつもりだった。ところが義経は短期決戦に持ち込むと、安徳天皇は祖母の二位尼《にいのあま》に抱かれて入水。三種の神器のうちの草薙剣《くさなぎのつるぎ》も海底に没してしまった。天皇の政治利用を画策した頼朝は、当てが外れてしまった。

もう一つ、**義経が伊予守《いよのかみ》就任時にとった態度も頼朝の逆鱗《げきりん》に触れた**。伊予守は源氏にとって最高の名誉であり、頼朝は義経が任官するよう法皇に要請していた。義経は都の警備担当であ

壇ノ浦の戦いを描いた錦絵（「大日本歴史錦絵」国会図書館所蔵）

る検非違使の職に就いていたが、伊予守になるなら検非違使を辞任する必要があった。

だが、義経が両職を兼任すると宣言したことで、頼朝の怒りを招いた。**頼朝は朝廷に頼らない軍事的利権の確保を目指していた**のに、弟が法皇の部下のままでは、源氏の面目が丸つぶれだ。

義経が兼任した裏で後白河法皇の動きがあったともいわれるが、歴史家の呉座勇一氏は、法皇は義経を手放したくなかったために兼任を勧めたのではと考えている。法皇は頼朝にも従二位《じゅにい》の高位を与えており、源氏と対決するつもりはなかったと思われる。

頼朝の怒りを買った義経にも、兄への不満はあった。平氏滅亡後に占領地を没収され、思うような恩賞を与えられなかったからだ。そうした不満が高まったことで、義経は反頼朝派の源行家《ゆきいえ》と結託して挙兵を決断したのだろう。

26

北条政子の演説がきっかけで幕府は承久の乱に勝利したというのはウソ

通説

朝廷と鎌倉幕府が武力衝突した承久《じょうきゅう》の乱。開戦直前、鎌倉の御家人たちは天皇との戦いを躊躇しており、幕府軍の士気は低かった。この危機を救ったのが、初代将軍・源頼朝の正室である北条政子だ。政子は武士たちの前で演説して「将軍からの御恩に報いるときだ」と熱弁をふるった。これにより御家人たちは一致団結し、朝廷軍を打ち破ったのである。

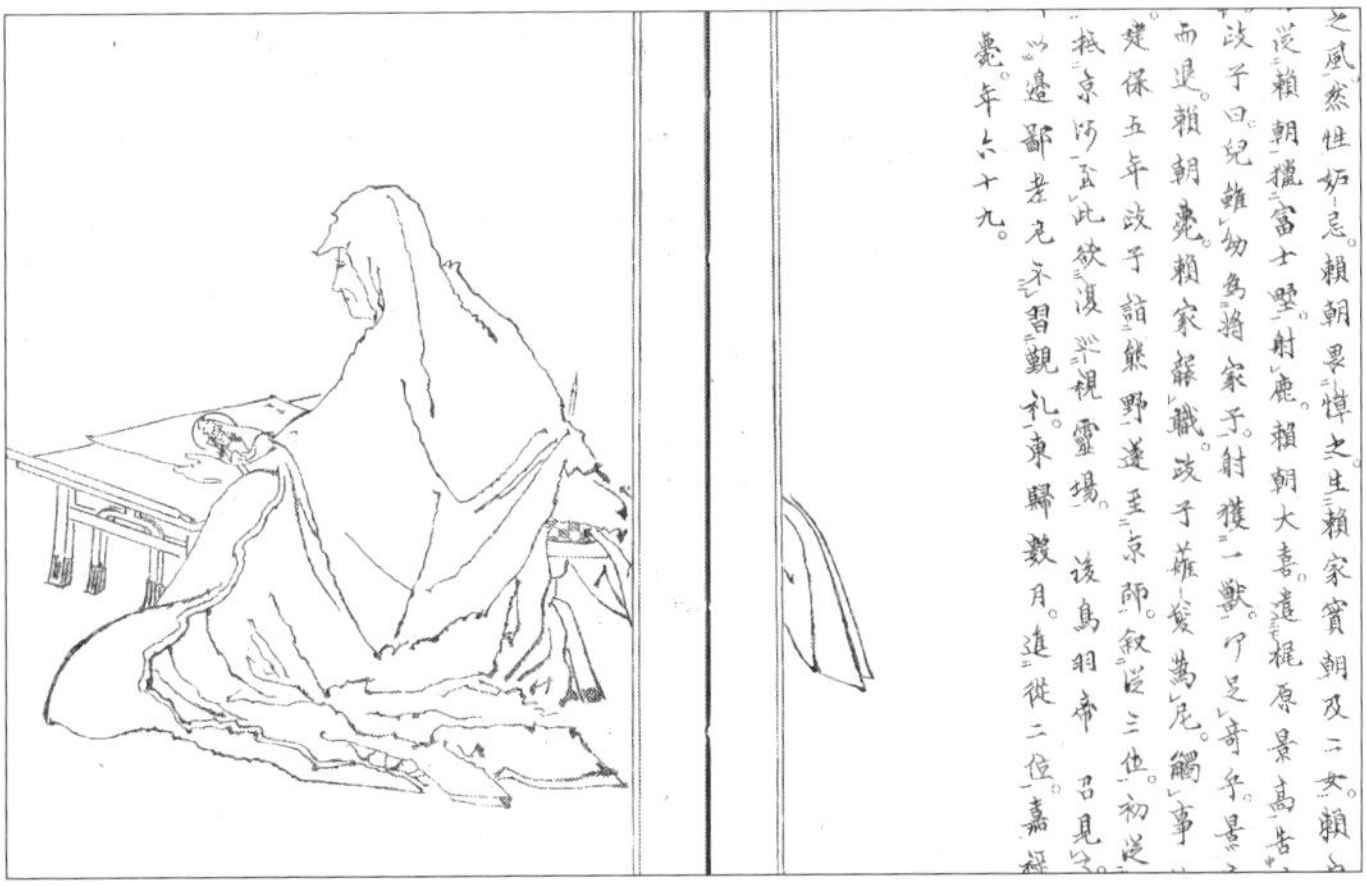

頼朝亡き後の幕政に影響力を発揮した北条政子（菊池容斎『前賢故実』国会図書館所蔵）

真相

北条政子がどのようにして御家人を鼓舞したのか、詳しいことはわかっていない。史料によって記述は異なっており、**演説をしたとも、部下が檄文《げきぶん》を代読しただけともいわれている。**

大演説は幻だった？

後鳥羽上皇は友好関係を結んだ3代将軍・源実朝《さねとも》を介して、鎌倉幕府を支配しようとした。しかし、実朝が暗殺されたことで計画は破綻。窮地に立たされた上皇は、承久3年（1221）5月に北条氏の討伐令を全国に発する。

御家人たちは追討令に狼狽して足並みが乱れたが、そんな危機的状況にありながら幕府軍が勝利できたのはなぜか？ 通説では、北条政子による演説が御家人たちを鼓舞したからだとされてきた。

　政子は初代将軍頼朝の妻であり、頼朝亡きあとは出家して幕政に強い影響力をもっていた。のちに「尼将軍《あましょうぐん》」の名で呼ばれた所以である。

　朝廷軍進軍の報を受けると、政子は北条邸に集合した御家人たちに、頼朝公の恩義は決して浅くないと、告げたとされる。そして三代続く将軍家の御恩に応えるため、朝廷を惑わす逆臣を討てと、訴えたという。この尼将軍の大演説に御家人たちは胸を打ち、一致団結して朝廷軍との戦いに勝利した——。この演説は承久の乱における最大の名場面として、特に有名である。

　だが、現在ではこの通説に、疑問が呈されている。**大勢の前で自説を述べる演説の概念が根づいたのは、明治時代以降**。福沢諭吉が『学問のすゝめ』で「スピーチ」を「演説」と訳してから、広まるようになった概念だ。身分意識があった中世において、指導者が雑多な出自の人々を前に演説をしたとは考えにくい。**出典の史料にも、政子が演説を行なったとは記されていない**。鎌倉幕府が編纂《へんさん》した『吾妻鏡《あづまかがみ》』には、政子が御家人たちと顔を合わせたという記述はなく、重臣の安達景盛《あだちかげもり》が、政子の檄文を御家人たちに代読したと書かれているのだ。

　政子が御家人に奮起を促したという話が初めて登場したのは、軍記物の『承久記』だ。成立は鎌倉時代中期とされるが、異本が江戸時代に出回るようになって、庶民にも知られるようになった。この書を通じて広まった政子の話が明治時代に演説の概念と混ざり、尼将軍による大

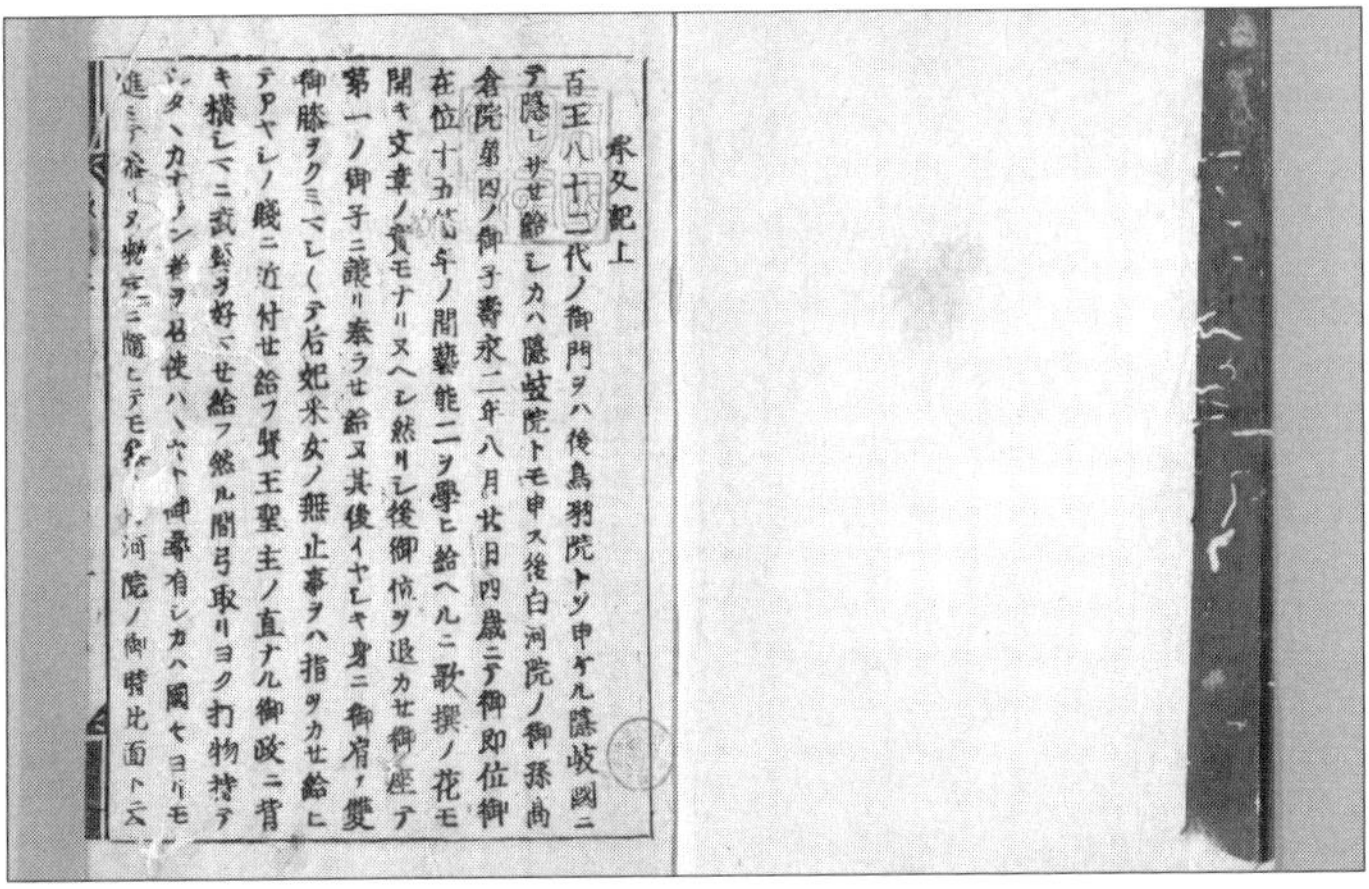
承久記上
百王八十二代ノ御門ヲハ後鳥羽院トソ申ケル隠岐國ニ
テ隠レサセ給シカハ隠岐院トモ申ス後白河院ノ御孫高
倉院第四ノ御子壽永二年八月廿日四歳ニテ御即位御
在位十五箇年ノ間藝能二ツヲ學ヒ給ヘルニ歌撰ノ花モ
開キ文章ノ實モナリヌヘシ然リシ後御位ヲ退カセ御座テ
第一ノ御子ニ譲リ奉ラセ給ヌ其後イサシヤ身ニ御宥ノ變
御勝ヲクミマシ〱テ后妃釆女ノ無止事ヲハ指ヲカセ給ヒ
テアヤシノ賤ニ近付セ給フ賢王聖主ノ直ナル御政ニ背
キ横シマニ武藝ヲ好マセ給フ然ル間弓取リヨク打物持テ
河院ノ御時北面ト云

政子が御家人を奮起したという話が初めて登場した『承久記』（国会図書館所蔵）

演説のイメージが形成されたと考えられている。

そもそも大演説というには、**集まった御家人の数はかなり少ない**。史料によって異なるが、北条邸宅に集まった御家人はたったの5〜6人で、**裏切りの心配がない重臣ばかり**。それ以外の御家人は、後鳥羽上皇の決起すら知らなかった可能性もある。

朝廷の北条氏討伐宣言は、東国にも届けられるはずだった。しかし京の御家人と幕府派公家から連絡を得た幕府は、鎌倉入りした使者を捕縛し、情報を握りつぶしたのだ。一般の武士は上皇の決起とは知らず、朝廷の武士団が標的だと思っていたとされる。

歴史学者の本郷和人氏は、東国の武士らが朝廷に従うのなら、即座に挙兵していたはずだと指摘する。そうしなかったのは、幕府防衛で団結していたから、というわけだ。政子の檄文を起死回生の策と考えることには、慎重になったほうがよさそうだ。

27

北条時頼が有力御家人の三浦泰村を殺させたというのはウソ

通説

鎌倉幕府の有力御家人だった三浦泰村《みうらやすむら》は、御家人の安達景盛によって攻め滅ぼされた。これが宝治元年（1247）に起きた宝治合戦《ほうじかっせん》である。この戦いを裏で操っていたのが、執権の北条時頼《ときより》だ。時頼は安達氏を操ることで、将軍派の三浦氏を滅ぼして権力を安定させようとした。鎌倉幕府の歴史は北条家による陰謀の歴史だったのである。

三浦泰村一族を葬ったと伝わる鎌倉の法華堂跡

真相

時頼は将軍派への積極的な攻撃を慎み、事態を穏便に済ませようとした。それが全面戦争となったのは、安達氏が抱いていた野心と、三浦氏への対抗心が原因である。

北条陰謀論の裏側

将軍の補佐役である執権として、鎌倉幕府の実権を握っていた北条氏。しかしその権力はときに揺らぎ、政権が不安定化することもあった。特に3代執権・北条泰時《やすとき》の死後には、北条政権への反発が表面化している。

仁治《にんじ》3年（1242）に泰時が死去すると、幕府内で北条派と摂家《せっけ》将軍・九条頼経《くじょうよりつね》派による権力闘争が巻き起こった。将軍派の最大勢力が三浦氏である。

当主の三浦泰村は北条派だったものの、弟の光村《みつむら》が将軍派として北条氏と対立した。

三浦氏を危険視した時頼は、親戚筋の安達景盛《かげもり》をして挑発行為を繰り返した。そして三浦邸に兵が集結した情報を掴むと、光村らを謀反人として討伐した。敗れた泰村と光村は法華堂で自害。北条執権の支配体制はここに安定した。

事件を記した『吾妻鏡《あづまかがみ》』は安達氏の暴走が開戦の原因だとしているが、『吾妻鏡』は北条氏寄りに記述されていることから、戦いは三浦氏排除を時頼が狙ったのではともいわれてきた。

ただ、『吾妻鏡』が成立した1300年代初期には安達氏は健在で、安達氏出身の娘が14代執権・北条高時《たかとき》を産んでいる。有力な親戚筋を悪者扱いにして禍根《かこん》を残すようなことを、わざわざするだろうのか？　それに執権になったばかりで権力基盤が確立していない時頼にとって、有力御家人との全面戦争は博打である。

そうした疑問から、『吾妻鏡』の記述は正しく、**三浦氏討伐の黒幕は景盛だった**と主張する研究者もいる。

『吾妻鏡』に従えば、時頼は三浦氏討伐に消極的だった。敵対するどころか泰村の次男を養子に迎え、病死した妹の喪に服するため三浦邸に身を寄せている。三浦氏との親密性をアピールするための施策である。合戦が始まっても、初日に三浦氏へ「討伐はしない」と伝える使者を送っていた。時頼に三浦氏打倒の意思はなく、当主の出家で手打ちとする算段だったという。

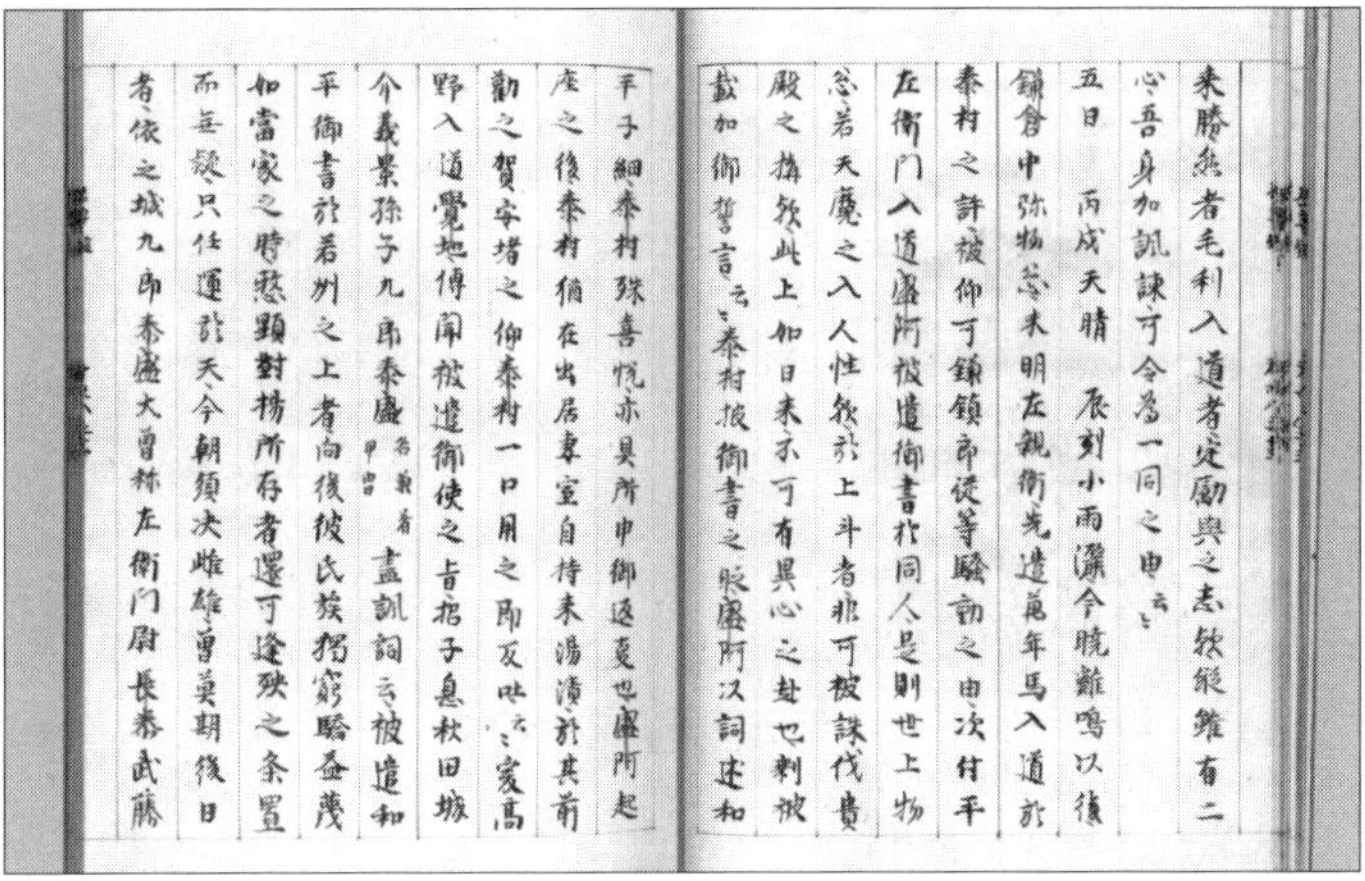

来勝系者毛利入道者定勵與之志歟縱雖有二
心吾身加諷諌可令為一同之由云々
五日 丙戌 天晴 辰刻小雨灑今暁雞鳴以後
鎌倉中弥物忩未明左親衛先遣萬年馬入道於
泰村之許被仰可鎮郎従等騒動之由次付平
左衛門入道盛阿被遣御書於同人是則世上物
忩若天魔之入人性歟於上計者非可被誅伐貴
殿之擬歟此上如日来不可有異心之趣也剰被
載加御誓言云々泰村被御書之趣盛阿以詞述和
平之子細泰村殊喜悦亦具所申御返事也盛阿起
座之後泰村猶在出居妻室自持来湯漬於其前
勧之賀申安堵之仰泰村一口用之即反吐云々家高
野入道覺地傳聞被遣御使之旨招子息秋田城
介義景孫子九郎泰盛 各甲冑 盡訓詞云被遣和
平御書於若州之上者向後彼氏族独窮驕益
如當家之時悉顕對揚所存者還可逢殃之条置
而無疑只任運於天今朝須決雌雄曾莫期後日
者依之城九郎泰盛大曽祢左衛門尉長泰武藤

『吾妻鏡』における宝治合戦の記述。6月5日に景盛が三浦邸へ兵を差し向けた旨が記されている（国立公文書館所蔵）

だが、これに反対したのが安達景盛だ。**三浦氏と安達氏は北条氏の親戚であると同時に、ナンバー2を争うライバルであった。**景盛は三浦氏に譲歩する時頼に憤り、息子と孫に北条氏の弱腰を嘆いたという。安達邸に源氏の御旗《みはた》を立て、鶴岡《つるがおか》八幡宮《はちまんぐう》に三浦氏を挑発する立札を置いたのも景盛のようだ。

景盛は、時頼が三浦氏との和睦を目指したことに焦り、独断で三浦邸を攻撃する。時頼からすれば、安達軍が負けることで将軍派が勢いづいて収拾がつかなくなるのは避けたかっただろう。そこでやむを得ず安達氏に味方したとされている。

安達氏は権力闘争で幕政の実権を失った時期もあるが、政敵が死ぬと政界に復帰し、幕府滅亡まで北条氏外縁として権力をふるった。幕府の重鎮になるという安達氏の野望は成就したのである。

28

石田三成と上杉景勝が共謀して家康に反逆したというのはウソ

通説

全国の有力大名が二分し、総勢およそ16万（諸説あり）もの大軍勢が激突した関ヶ原の戦い。この合戦に際して、西軍の中心人物である石田三成と会津の大名・上杉景勝《かげかつ》は事前に密約を結んでいた。「東西から軍を動かし徳川家康を挟撃する」という作戦だ。関ヶ原の戦いが起こる前に上杉家が家康を挑発したのは、この密約があったからだった。

石田三成像《模本》（左／東京大学史料編纂所所蔵）と上杉景勝像（「当世自筆鏡　上杉景勝」国会図書館所蔵）

真相

三成と景勝は反徳川という点では一致していたが、両者は手を結んでいなかった。三成は景勝と昵懇《じっこん》の仲というわけではなく、**直接の交渉ルートさえ持っていなかった**。研究者の間では、両者に密約はなかったと考えるのが一般的だ。

無理のある三成・景勝の共謀説

慶長5年（1600）9月15日に、関ヶ原の戦いは勃発した。この大戦の引き金となったのが、徳川家康による上杉景勝討伐である。

景勝は軍神と恐れられた上杉謙信の甥にあたる人物で、豊臣政権下では家康と同じく五大老《ごたいろう》の一人に任じられている。慶長4年（1599）家康はそんな景勝に対し謀反の疑いをかけ、領国の会津に戻った際に軍備増強を図ったとして、家康は景勝に上洛して釈明するよう何度も求めた。だが景勝は、「上杉家に嫌疑をかけた者への取り調べを先に行うべき」と頑なに拒否。業を煮やした家康は翌年6月、伏見城から景勝を討つべく会津に進軍したのだ。

これを好機と見たのが、石田三成らである。三成は安芸《あき》国（広島県）の大名・毛利輝元《てるもと》を総大将に据え、家康を討つべく上方《かみがた》で挙兵。家康はこの知らせを受けて上杉討伐をとりやめ、三成らを迎え撃つべく軍を引き返したのだ。

このように家康に敵対した経緯から、「景勝と三成は事前に盟約を結んで家康を会津と上方の東西から挟み撃ちにする構想を持っていた」という説が、まことしやかに囁かれてきた。すでに17世紀後半から、この説は見られる。延宝8年（1680）に成立した**『続武者物語《ぞくむしゃものがたり》』**に、三成が上杉家家老の直江兼続に宛てた書状が掲載されており、そこには「家康は伏見を出馬し、かねてからの作戦が思うとおりになり、天の与えた好機と満足しています」「私も油断なく戦いの準備をいたします」との記述がある。景勝が上洛の要請を退け、家康を会津に赴かせたのも、挟撃作戦の一環であったというわけだ。

だが現在では、三成と景勝が事前に提携していた可能性は極めて低いと考えられている。

まず**『続武者物語』だが、これは武将にまつわる逸話を集めた書物で、脚色が著しいうえに、史実としての裏付けが取れないエピソードも多い。**同書に登場する三成の書状は原本が確認で

上杉家が東北の地で戦った最上義光の像。山形市の霞城公園内にある

きておらず、研究者の間では偽文書と見られている。

一方、原本が残る三成の書状としては、真田信繁《のぶしげ》の父昌幸《まさゆき》に宛てたものがある。三成は昌幸に対し、「景勝に出兵するよう説得してほしい」「早々に会津へと使者を送り、（景勝に）私と連携されるようご相談ください」と依頼している。つまり、三成は景勝と直接交渉できる立場になかった。

もし景勝との間に何らかの協力関係が築かれていたなら、第三者に口添えを頼む必要などなかったはずである。また、これらの書状が書かれたのは関ヶ原合戦の約1カ月前だ。

家康は三成の挙兵を知り、西軍の討伐に向かっていた。しかも**景勝は三成の出兵要請に応じることはなく、出羽国《でわ》（山形県）で東軍に与《くみ》する最上義光《もがみよしあき》と伊達政宗の連合軍との戦いを優先した。**これでは、密約があったとは考えにくいだろう。

29

徳川家康は石田三成の挙兵を察知していたというのはウソ

通説

徳川家康は、石田三成の挙兵をあらかじめ察知していたともいわれる。家康が上杉家征伐のため大坂城から出陣した隙をついて三成は挙兵したものの、家康はこの動きを読んでいたため、すぐに軍を引き返した。そして反三成派の武将に岐阜城を落とさせ、三成軍を関ヶ原におびき寄せてこれを撃退したのである。

三成と兵を挙げた大谷吉継（左）と上杉景勝の側近である直江兼続（右／『集古十種』国会図書館所蔵）

真相

家康にとって三成の挙兵は寝耳に水だった。会津征伐を中止したのは大坂の情報を得るためであり、すぐに軍を引き返したわけではない。情報収集により三成と大谷吉継《おおたによしつぐ》の謀反は把握したものの、前田玄以《まえだげんい》、増田長盛《ましたながもり》、長束正家《なつかまさいえ》の三奉行が西軍に参加することは知らなかった。

万全ではなかった家康の態勢

徳川家康は反抗的な上杉家の征伐を名目に会津へ軍を差し向けたが、真の目的は別にあった。それは、天下掌握を目指す家康にとって最も邪魔だった、石田三成をおびき寄せることである。

秀吉に才覚を見込まれた三成は、内政手腕と実直な性格を評価されて行政官僚として豊臣政権を支えた。秀吉の死後は奉行衆の一員に抜擢され、大老筆頭の家康を警戒して対決姿勢をとった。

そんな三成を牽制すべく、家康は会津征伐を利用したとされる。会津征伐を理由に大坂を空にして三成ら反家康勢の挙兵をあおり、万全の態勢で三成軍を一網打尽にするという思惑があったという。作家の司馬遼太郎も著書『関ケ原』で、この説を採用している。

だが、研究者の間ではこの説は根拠に乏しいとみなされており、**家康は準備万端どころか危機的状況にあった**とする見方が有力だ。

家康が会津征伐のため大坂城を出立したのは、慶長5年（1600）6月16日。ここから伏見、浜松、島田、駿府、三島、小田原、藤沢を経て7月2日に江戸に入った。三成派が家康への敵対を示すのは、この日からである。同日に宇喜多《うきた》秀家《ひでいえ》が、17日には三成が家康ほか諸大名に、家康の悪事を13カ条にまとめた「内府《ないふ》違いの条々」を送り付けている。事実上の宣戦布告だ。

書状送付と同時に三成は大谷吉継や毛利輝元を糾合して兵を挙げたが、家康は17日の段階ではそれを知らなかった。その証拠に家康は21日に江戸城を発ち、予定どおり会津へ向かっている。23日になると「石田三成と大谷吉継が謀反を起こした」との書状を出羽《でわ》国（山形県）の最上《もがみ》義光《よしあき》に送って会津征伐の中止を伝えているので、行軍途中で挙兵を知ったのだろう。24日に毛利輝元の参加が確実となると、下野《しもつけ》国（栃木県）小山で軍議を開き、西に戻ることが決まった。28日頃、家康は前田玄以、増田長盛、長束正家の3人の奉行も、西軍に加わったことを知る。

石田三成らの挙兵を受け、家康が軍議を開いた小山

となると、豊臣政権の政務を担った五大老のうち、征伐対象の上杉景勝を除けば宇喜多秀家と毛利輝元が西軍に加担し、その上、三奉行まで家康に敵対したことになる。

このような大規模な蜂起を、家康はまったく予想していなかった。8月5日には江戸に戻って約1カ月間逗留し、この間各地の武将に書状を送っている。その数は120通以上。東軍への参加を促すとともに、東軍内の裏切りを警戒した。

会津征伐に参加した軍勢には、徳川直属の家臣は3人しかおらず、兵力は合計7000人程度。**家康は、反三成派の豊臣系武将に頼るしかなかった**。しかし、内府違いの条々が通達された以上、西軍が秀頼を擁して進軍してくれば、東軍内の豊臣系武将が西軍に合流するおそれがあった。家康は不安定な状況の中、関ヶ原に進軍するしかなかったのである。

30

島原の乱が農民主体の一揆だったというのはウソ

通説

徳川家が政権基盤を整えていた17世紀中頃、重税に耐えかねた農民らが島原で反乱を起こした。戦乱は島原の乱と呼ばれている。その中心は迫害されたキリシタンだったが、農民や主家をなくした浪人も多く含まれており、実態は過酷な重税に対する一揆だった。

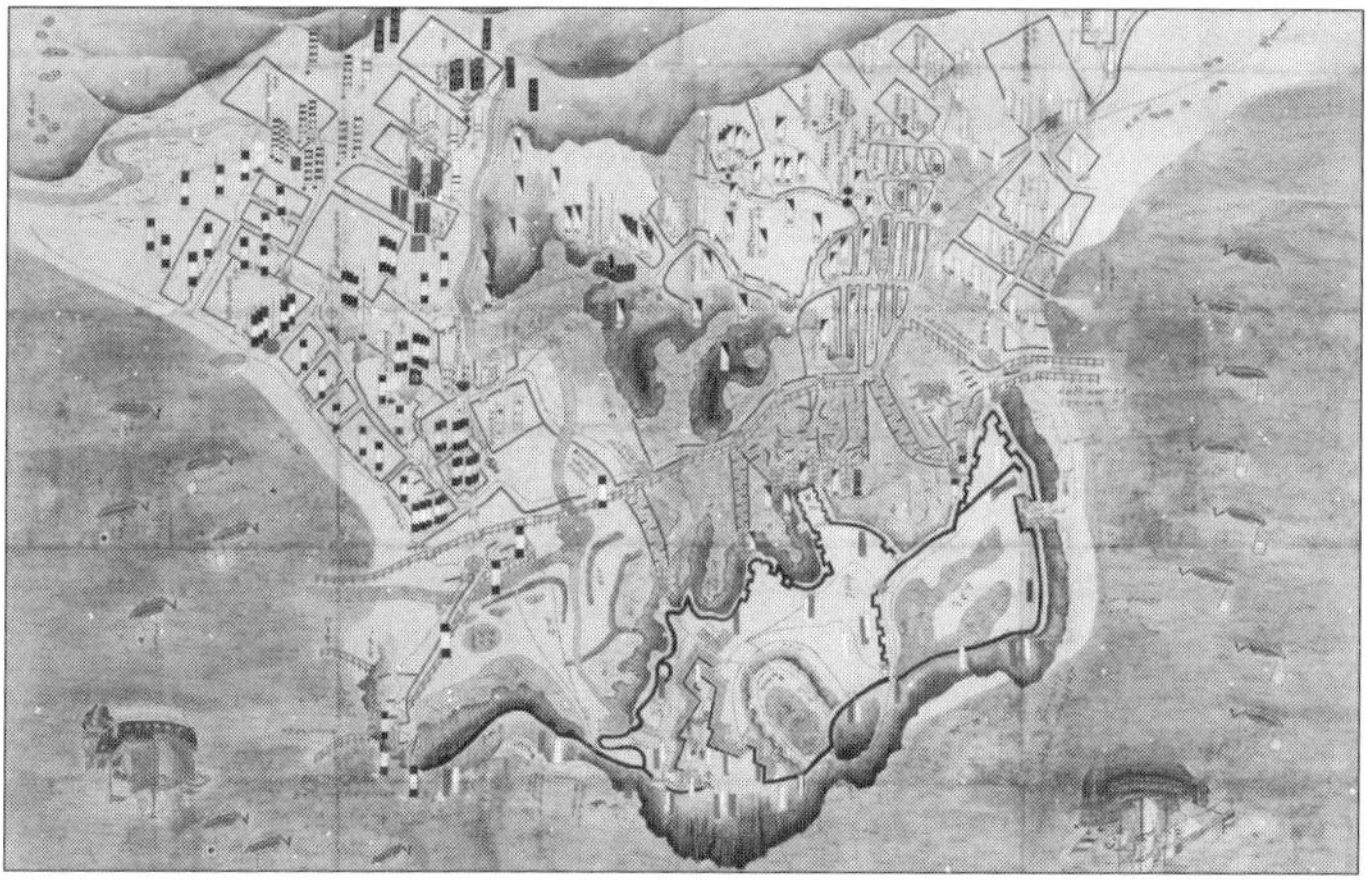

島原の反乱軍が籠城した原城（「島原城攻撃図」東京国立博物館所蔵／出典：ColBase）

真相

反乱軍は全国のキリシタンに援軍を要請するなど、宗教的な結束が強かった。反乱軍はキリスト教国が味方することも期待しており、戦乱はヨーロッパを巻き込んだ代理戦争に発展する可能性もあった。

スペイン・ポルトガル対オランダ

島原の乱は寛永《かんぶん》14年（１６３７）10月25日に勃発した。かつてはキリシタンの蜂起だと考えられていたが、重税と厳しい取り立てに抗議するために農民が蜂起し、そこに幕府に不満を持つ浪人が加担したというのが通説となっていた。だが近年は再び、宗教色の強い反乱だったという説が注目されている。

４万人ともいわれる大規模な反乱軍は、原城《はらじょう》での籠城戦を選んだ。服部英雄九州大学名誉教授によると、その狙いは全国のキリシタンたちの援軍を待つことだったという。

慶長《けいちょう》10年（1605）の段階で、日本には175万人のキリシタンがおり、総人口の10％を占めていた。幕府は島原の乱の2年前に直轄地、1年前には全国に禁教令を出したものの、短期間でキリシタンが激減したとは考えにくい。

反乱軍は全国各地のキリシタンに向けて原城から伝令を放ち、協力を求めた。中にはかつてキリシタンだった大名家も含まれていた。九州の限られた地域だけでなく、全国規模の争いとなれば、幕府の混乱は必至だ。

さらに島原軍は日本のキリシタンのみならず、なんと**キリスト教国であるポルトガルにも、援軍の期待を寄せていた**。

ポルトガルは、イエズス会を通じて布教に力を入れていたカトリック国だ。アジア布教の拠点は中国のマカオである。イエズス会に帰依する島原軍から救済を求められれば、ポルトガルがマカオから軍勢を派遣するかもしれない。また同じカトリック国でポルトガルを併合していたスペインの拠点がフィリピンのマニラにあった。両国が日本における布教拡大を目指して反乱軍に味方すれば、幕府は劣勢に立たされる可能性があった。

この事態に対処するために、**幕府はオランダに頼った**。オランダはプロテスタントの国で、元支配国であるスペインとは折り合いが悪かった。慶長14年（1609）に独立を果たしたもの

日本と交易をした西洋人らを描いた屏風絵。ポルトガルやスペイン、オランダ、イギリスなどの船が日本にやってきた（「南蛮図屏風」東京国立博物館所蔵／出典：ColBase）

の、島原の乱が起きたときには対立状態にあった。

また、オランダは銀を求めて日本と交易を結んでいたが、カトリック国はオランダに先行して日本と交易をしており、貿易上の敵でもあった。カトリック国とは信仰、経済に関する対立を抱えていたのだ。


幕府側の総大将・松平《まつだいら》信綱《のぶつな》の依頼を受け、オランダ船は原城を砲撃した。砲撃は大きな被害を与えられずすぐに中止されたものの、反乱軍が心理的なダメージを受けたのではという意見もある。

一方で、反乱軍はポルトガルとの連携を実現できず、キリシタンの援軍も思うように集まらなかった。

こうして戦いは幕府軍の勝利に終わったが、もしもポルトガル・スペインの連合軍が出撃していれば、島原の乱はカトリック国とプロテスタント国の代理戦争になっていたかもしれない。

31

奥羽越列藩同盟が一致団結していたというのはウソ

通説

江戸城の無血開城後、会津藩と東北諸藩は新政府への恭順を模索していた。しかし新政府はこれを認めず、むしろ東北諸藩を挑発。新政府との戦いは不可避だと判断した東北諸藩は「奥《お》羽越列藩同盟《うえつれっぱん》」を結成し、一致団結して新政府軍との決戦に挑んだ。

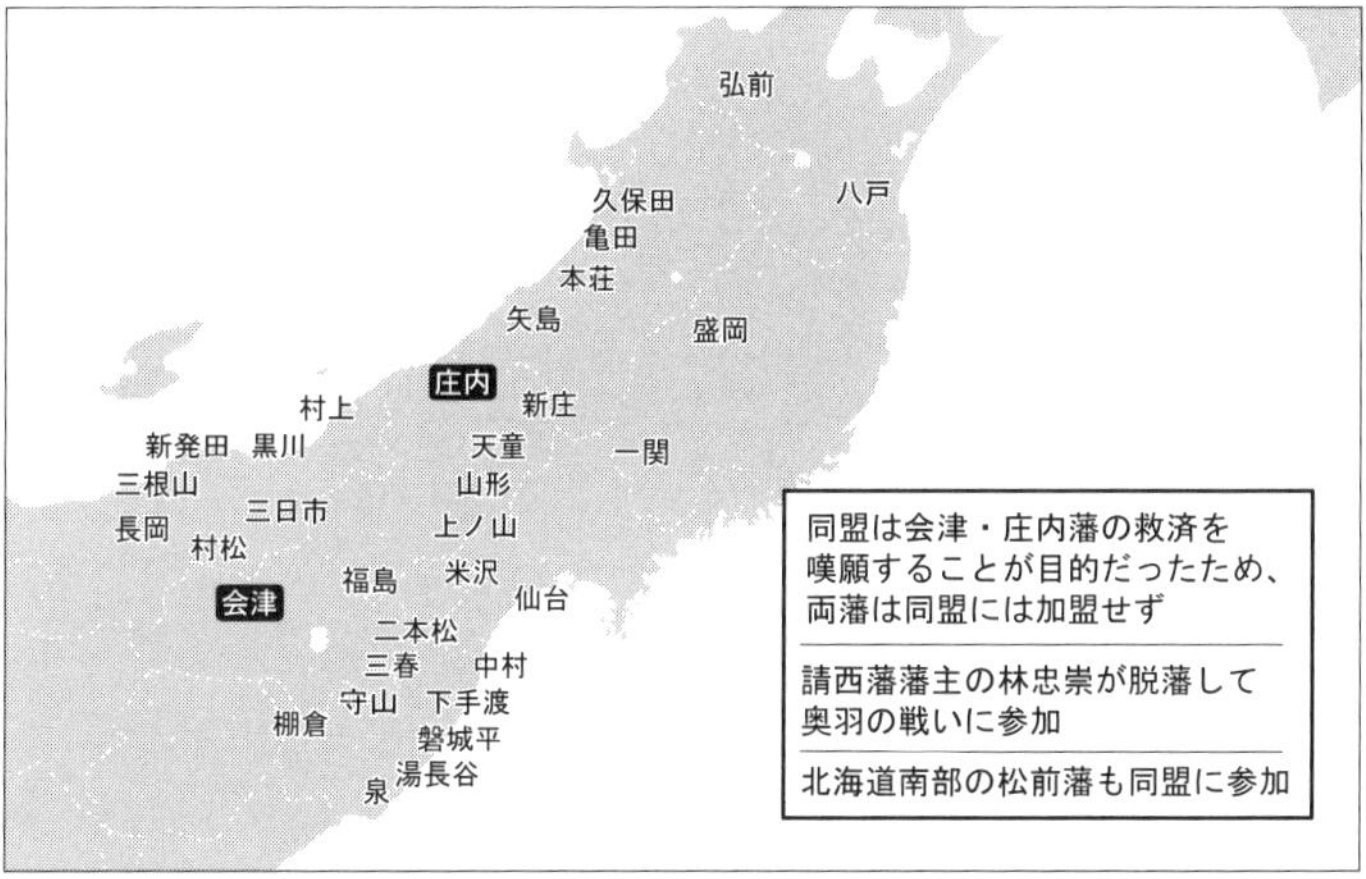

奥羽越列藩同盟に参加した東北諸藩

真相

奥羽越列藩同盟には、**強硬論を説く藩から圧力を加えられたためにしぶしぶ参加した藩もあった。**また、有力諸藩による主導権争いが続き、新政府軍へと寝返る藩も出るなど、同盟に参加した諸藩は一枚岩ではなかった。

内部崩壊をしていた東北の同盟

新政府軍の主力である長州藩は、会津藩を非常に恨んでいた。京の治安維持を担当した会津藩主の松《まつ》平《だいら》容保《かたもり》が攘夷志士《じょういしし》を多数摘発していたし、会津は政変を起こして長州藩を京から追い出したこともあった。まさに長州藩の宿敵である。

新政府軍が江戸城を無血開城させると、矛先は会津へと向かう。慶応《けいおう》4年（1868）4月には東北諸藩に会津追討の令が出されていたものの、容保は新政府に謝罪嘆願をして恭順の意を示しており、各藩は会津に同情的だった。

しかし、東北の鎮圧を担った奥羽鎮撫使《おううちんぶし》の参謀・世良修蔵《せらしゅうぞう》は、東北諸藩全てを敵とみなし、挑発的な態度をとった。これに激怒した仙台藩士によって、世良は殺害される。開戦は避けられないと判断した諸藩は5月、奥羽列藩同盟を結成。その後、北陸諸藩を加えた奥羽越列藩同盟が結成され、会津藩と共に新政府軍と戦った。

同盟諸藩は協力関係を築いた会津藩のもとに強く結束していたと思われていたが、その実情は全く異なっていた。団結とは程遠く、むしろ**常に崩壊の危険があった**のである。

そもそも、東北諸藩のなかには仕方なく同盟に参加した藩が少なくなかった。開戦に懐疑的な諸藩もいたが、強硬論を説く藩の武力による圧力で、半強制的に加盟させられている。例えば、越後国新発田《しばた》藩（新潟県新発田市）は、仙台・米沢藩に恫喝されて同盟に入ったに過ぎず、新政府に弁明の書状を送っている。

開戦を主導した仙台藩と米沢藩にしても、一致団結していたとはいえない。仙台藩が主戦派だったのに対し、米沢藩は専守防衛を重んじたために意見があわなかった。また、両藩は同盟内の主導権を巡って対立しており、同盟はいつ瓦解してもおかしくない状態だった。

同盟は、すぐにほころびを見せた。同年7月、久保田藩（秋田藩）の寝返りに端を発して、

新庄藩の新庄城跡地。新庄藩は久保田藩に同調して奥羽越列藩同盟を離脱し、新政府軍に寝返ったため、庄内藩から攻撃を受けて城は炎上した

裏切りが相次いだのである。

勤王思想が根強かった久保田藩は、奥羽鎮撫総《おううちんぶそう》督府《とくふ》の征討命令を口実に同盟を離反。旧幕府派と戦闘状態に突入した（秋田戦争）。

これに呼応して、秋田周辺の新庄藩、亀田《かめだ》藩、矢島《やしま》藩も相次いで会津を裏切った。三春《みはる》藩においては新政府軍２５００の前に一戦もせずに降伏。新発田藩も同盟を見限った。これによって新政府軍は新潟方面の進軍が容易になり、北越戦線の戦闘を優位に進められたという。

同盟に参加した各藩は反新政府でまとまっていたわけではなく、勤王思想が強い藩や元から新政府寄りの藩もいた。それに同盟諸藩が苦戦したことで、立場を変えた藩もいる。**立場や考え方の異なる藩を無理やり組み込んだことが歪みとなって、同盟は崩壊した**のである。

32

西南戦争が薩摩の士族による反乱というのはウソ

通説

元政府参議だった西郷隆盛は、薩摩の士族を率いて政府に反旗を翻した（西南戦争）。西郷が政治闘争に敗れて鹿児島で私学校を開くと、西郷を慕う薩摩の武士が門下生となって軍事的な訓練を受けた。そうした薩摩士族の強い要望を受けて、西郷は明治10年（1877）2月に挙兵を決断。鹿児島士族（武士）で構成された西郷軍は、政府施設への攻撃を始めた。

西南戦争を描いた錦絵。右の騎馬の人物が西郷隆盛（「日本歴史錦絵」国会図書館所蔵）

真相

西郷軍の3分の1は、他県から集結した不平士族だった。明治時代初期は新政府の方針に不満を抱く士族が、相次いで反乱を起こしていた。そうした士族が西郷の挙兵にも便乗していたのだ。

政府に裏切られた不平士族

西郷隆盛は、薩摩志士の中核として手腕を発揮した維新の功労者だ。政府でも中心的地位にあったが、朝鮮半島情勢を巡る政争に敗れて失脚。故郷の鹿児島県に戻って私学校を開き、門下生に軍事教育を施していた。この門下生が、西南戦争の主体となる。

門下生は西郷を軽んじた政府への反感を強め、やがて反乱を企てる。西郷は政府との衝突を避けようとしたが、生徒たちを止めることができなかった。

生徒は警官を捕縛すると拷問にかけ、西郷の暗殺計画を自白させた。不穏な空気を察していた政府は武器弾薬を輸送船で移送したが、その途上を私学校の生徒が襲撃してしまう。事態の収拾は不可能だと悟った西郷は生徒の説得を諦め、東京への進軍を開始する。

このように開戦までに薩摩士族が大きく関与していたことから、西南戦争は政府軍と薩摩士族の戦いだと考えられてきた。ところが、戦闘に参加したのは薩摩士族だけではなかった。西郷軍約3万人のうち、鹿児島の士族が占める割合は3分の2ほど。それ以外は、挙兵後に全国、特に九州各地から合流した士族たちだったのだ。

薩摩以外の士族が西郷のもとに集結したのは、**政府に対する士族の不満が非常に大きかった**からだ。維新直後は政府から俸給を貰い、帯刀を黙認されていた士族だが、近代化を目指す政府にとって、彼らの特権は障害だった。明治6年（1873）に布告された徴兵令で士族は軍事的な特権を失い、明治9年（1876）には俸給が廃止された。同年には廃刀令が公布され、帯刀の権利も消えた。大多数の士族が生活苦に陥り、庶民と大差のない立場となったのである。

特権を失った士族は政府の対応に不満を抱き、各地で反乱を起こす。明治7年（1874）には江藤新平《えとうしんぺい》が蜂起した佐賀の乱が起こり、2年後には山口県で萩《はぎ》の乱、熊本県で神風連《じんぷうれん》の乱、福岡県では秋月《あきづき》の乱と、1年で3度も大規模な反乱が続いていた。その全てが**九州・中国地方**である。**これらの地域は元討幕派の士族が多く、佐幕派諸藩よりも軍事的な余力があった。**

神風連の乱を描いた錦絵（月岡芳年「熊本暴動賊魁討死之図」）

反乱を起こした士族たちは、西郷の蜂起を期待していたという説もある。佐賀の乱を起こした江藤も、旧知の西郷に助力を求めていた。**カリスマ性のある西郷が決起すれば、全国各地の不平士族が一斉に決起すると期待していた**のだろう。

西郷がやむなく決起すると、全国から士族が集結した。諸隊のなかには、各反乱の残党もいたようだ。当初、西郷軍は熊本城を包囲するなど快進撃を続けたが、最終的には軍事力の勝る政府軍に敗北。西郷は鹿児島の城山で自刃した。

なお、「元武士の警官で編成した抜刀隊が政府軍勝利の決め手になった」という説もあるが、彼らの戦果は局地的なもので、全体の趨勢《すうせい》に影響を与えたわけではない。勝利の決め手となったのは、近代兵器と電線を利用した高度な通信網だったと考えられている。

33

日本はイギリスの要請を受け第一次世界大戦に参加したというのはウソ

通説

日本はイギリスの要請を受けて、第一次世界大戦に参加した。アジア方面の領地を防衛するべく、イギリスは同盟関係にあった日本にドイツ艦隊の捕捉を依頼したのだ。日本は対独戦に参加すると、中国・太平洋方面のドイツ領を占領し、さらにはヨーロッパ方面に艦隊を派遣した。

ドイツ支配下の青島要塞攻略中の日本軍

真相

イギリスは日本に参戦を依頼したが、中国の抗議と欧米諸国の反発を受け、日本参戦に消極的になった。それでも参戦が決定したのは、**中国におけるドイツの権益を欲した日本が、イギリスへ積極的に申し出た**からである。

大戦に参加したがった日本

ヨーロッパ内地へ本格的に派兵をしなかったものの、日本は第一次世界大戦に参戦していた。同盟国であるイギリスの要求に応じたというのが通説だ。イギリス外務省は大正3年（1914）8月7日、アジアでの自国商船の安全を確保するため、ドイツ海軍を駆逐してほしいと日本に依頼したのである。

日本政府は中立を宣言していたものの、イギリスの要求を受けて参戦に転じる。ドイツにアジアから船舶を退去し、植民地を放棄するよう最後通牒を突きつけると、8月23日に宣戦布告をしたのだ。日本軍は中国・太平洋のドイツ租借地へ進軍し、占領地の領有権をイギリスが支持することを見返りに、地中海へも艦隊を派遣した。

経済不況と国力衰退が案じられていた日本では、イギリスの要求をチャンスとみた。戦争特需を見込むことができ、大陸進出の足掛かりとすることもできる。だからこそ政府は、イギリスの参戦要求を「天祐《てんゆう》（天の助け）」だと歓喜したのだ。

ただし、日本の参戦がスムーズに決まったわけではない。実は、イギリスは外交ルートを通じて抗議を受け、一時的に日本への参戦要求を取り消していた。抗議をしたのは、中国である。

中国は国土が戦場になることを危惧しており、加えて日本の大陸進出も危険視していた。そのため8月3日には中国領域内での戦闘禁止を各国に通達し、8月6日には大戦への中立を宣言。さらに同日、在米中国公使館を通じてアメリカ政府に極東平和維持への協力を訴えかけ、イギリスにも駐華公使のジョルダンを通じて、日本参戦への懸念を伝えていた。中国市場が混乱し、貿易に不利益が生じると忠告したのである。これにより**米英は現状維持に傾き、8月10日にはグリーン大使から参戦要請取り消しが日本に告げられた**。

しかしアジア利権の拡大を目指す日本からすれば、参戦要請取り消しは受け入れられないものだった。政府は参戦中止を拒否し、イギリスに米中の説得を依頼。強固な態度にイギリスも折れ、

第一次世界大戦への参戦に積極的だった加藤高明外相（左）。イギリスのグレイ外相（右）らは日本に不参戦を求めたが、日本側は押し切り第一次世界大戦に参戦した

再び参戦を承認している。8月12日付のイギリス側の覚書によると、**アジアにおけるイギリスの利権は重大な危機を迎えていないので、日本の参戦は自主的判断に任せると譲歩した**としている。

ただ、中国による日本への警戒をふまえて、グレイ外相が共同声明を出そうと提案した。戦域は南シナ海に限定し、膠州《こうしゅう》湾周辺のドイツ租借地を中国へ還付することを確約する声明だ。

8月9日時点でイギリスは日本の膠州湾領有を承認していたが、この決定が覆されることを意味する。日本政府は両方を拒否すると、8月15日に対独最後通牒を出すことになる。開戦直前には、各国の大使を通じて根回しを行っていたという。

このように、**イギリスの要求をきっかけに日本は第一次世界大戦への参戦に意欲を示し、その実現に向けて動いた**のである。

34
日本政府は満州事変を拡大させるつもりがなかったというのはウソ

通説

関東軍が満州に侵攻した満州事変が起きると、日本政府は関東軍に対して戦闘を拡大しないよう命令した。しかし関東軍は政府の意向を無視し、満州各地を次々と占領していく。関東軍は翌年にハルビンを占領。最終的に日本の傀儡《かいらい》国家である満州国が建国された。

柳条湖事件の現場。関東軍は自作自演で日本の車両を爆破し、その責任を中国におしつけた

真相

満州事変が起きると、**政府内では関東軍を現地に留まらせるか撤退させるかで意見が分かれていた。**結局首相は事変を追認しているが、それは内閣の分裂を危惧したためだとされている。

独走を後押しした政治家と軍人

満州事変は、関東軍の暴走を象徴する出来事だといわれる。中国東北部の満州地方には広大かつ肥沃な土地が広がっており、利権を巡って奉天《ほうてん》軍閥や日本が敵対していた。中国では国民党が全土をほぼ統一し、不平等条約をおしつけた欧米列強や日本に対して、強気の姿勢に出るようになっていたのだ。

関東軍がこの地の制圧に乗り出したのは、昭和6年（1931）9月18日のこと。奉天近辺の柳条湖《りゅうじょうこ》で自作自演の爆破テロを起こすと、中国軍の仕業として満州への侵攻を始めたのだ。これが満州事件の始まりである。

日本政府は翌日に臨時閣議を開いて不拡大の方針を決定したが、関東軍は政府の方針を完全に無視し、満州各地に進軍。翌年2月5日にハルビンを占領し、満州を支配下に置いた。

このようにして、関東軍が謀略をもって満州に侵攻し、不拡大方針を無視したことは事実だ。だが事件が起きたばかりの段階なら、政府が関東軍の進軍を止めることが可能だった。政府は軍の統帥権（指揮権）を持っていなかったが、出兵経費の決定権を持っており、**軍事費の支出を認めなければ、関東軍の行動を制限することもできた**のだ。

しかし結果的に、若槻礼次郎《わかつきれいじろう》首相は予算の支出を認め、朝鮮半島を管轄していた朝鮮軍の出兵も追認する。9月22日のことである。若槻は戦後に回顧録で「関東軍の壊滅による日本人居留民の危険を回避するため」と語っているが、理由はそれだけではなかったと思われる。

事件当時、陸軍トップも不拡大方針を支持したとされていたが、陸軍内では意見が割れていた。南次郎陸軍大臣や金谷範三《かなやはんぞう》参謀総長は占領地の返還を検討していたが、**今村均作戦課長などの中堅軍人たちは、事件を満蒙問題解決の好機として関東軍の行動を支持した**。9月20日には朝鮮軍の越境派兵承認を含めた善後策を、参謀本部首脳の承認の下で作成している。

今村らは承認案を内閣で通すよう、南に強く迫った。内閣が了承しなければ陸軍大臣はただ

奉天入りした日本軍

ちに辞職し、後任も出すべきではない。そんな調子だったという。21日には朝鮮半島に展開する軍が独断で越境するが、今村らは援軍派遣の事後承諾を得るべく、昭和天皇に直接談判するつもりだった。若槻は南と親しい井上準之助大蔵大臣を通じて、この内情をある程度知っていたとされる。

この状況で予算を否決すれば内閣は陸軍大臣が空位となり、総辞職に追い込まれてしまう。内閣が瓦解すれば、協調外交路線が完全に崩壊し、**さらには関東軍の進軍に歯止めがきかなくなる可能性もあった**。こうした政治的混乱を防ぐため、若槻は苦渋の決断を下したのではないか、と考える研究者もいるのだ。

その後、関東軍は承認された資金を使い、満州への進軍を継続する。日本軍は進軍を続け、満州の地に傀儡国家を樹立するのだった。

35

盧溝橋事件が日中の全面戦争を決定付けたというのはウソ

通説

中国大陸の盧溝橋《ろこうきょう》にて、夜間演習をしていた日本陸軍の部隊は、何者かの銃撃を受ける。これを中国軍の奇襲と断定した陸軍は、翌日より中国領への進軍を開始。事実上の戦争状態に突入した。これが日中の全面戦争を決定付けた、盧溝橋事件である。

盧溝橋事件が起きた北京の盧溝橋

真相

事件の結果、日本陸軍は中国領へ進んだものの、**進軍先では停戦協定が結ばれていた**。戦闘は起きたものの、いずれも局地的なものに過ぎない。戦闘が全面戦争へと拡大したのは、第二次上海事変を機に、日本軍が大規模派兵を決めたからである。

全面戦争となった上海派兵

日中の全面戦争は、一発の弾丸から始まった。そう記憶している方もいるかもしれない。発砲事件が起きたのは、昭和12年（1937）7月7日。夜間演習をしていた日本軍の歩兵第1連隊第3大隊の第8中隊が、北京郊外の盧溝橋にて発砲されたのだ。

銃撃はその後も散発的に続いた。これを中国軍の仕業と判断した第3大隊は、翌日に宛平《えんへい》県城を攻撃。

日本政府も中国軍の犯行だと非難し、11日には満州及び朝鮮半島からの増援を決定している。

折しもこの日は、現地で停戦協定が結ばれていた。しかし、非難声明を出されたことで中国国民党は態度を硬化させ、17日には「中央の許可なき和平は無効」と発表する。こうして非拡大派の反対も空しく、日本は中国との全面戦争に突入した——。これがかつての通説だ。

盧溝橋事件の停戦失敗により、戦闘がエスカレートしたのは事実だ。7月25日には北京で電線を修理していた日本陸軍が攻撃を受け、翌日には北京広安門を通過しようとした部隊が中国軍に銃撃された。これらの事件を受け、日本政府は27日に内地から3個師団の増援を送っている。

しかし、この時点では全面戦争には至っておらず、日本政府は華北での局地紛争ととらえていた。中国国民党も、8月7日に開かれた南京国防会議において、日本の宣戦布告があるまでは和平交渉を続行すると宣言している。**日中ともに開戦したという自覚はなかった**のだ。

現在は、日中戦争の開戦時期は7月ではなく、8月13日だとする説が有力だ。なぜならこの日、上海にて初の大規模戦闘が起き、日本が本格派兵を決断したからだ。

上海には多数の邦人が居留していたが、盧溝橋事件後に情勢が不安定化したことで、7月末より政府は引き上げを命じていた。8月9日には海軍軍人2名が中国兵に射殺され、情勢はさらに緊迫化する。そんななかで日本政府は居留民の安全を確保するべく、12日に第三艦隊を上海沖に派遣したのである。

第二次上海事変において、進行中の日本海軍陸戦隊

戦闘拡大の意図はなかったが、中国軍は13日に現れた日本艦隊をみて上陸作戦だと勘違いし、陸戦隊を機関銃で攻撃してしまう。これに陸戦隊が応戦して、戦火が上海の大部分に拡大。苦戦する海軍の要請を受け、追加派兵も決定した。これが日中戦争開戦の端緒となった「**第二次上海事変**」だ。

最初の銃撃は、現地部隊による独断だったとされている。国民党総統の蔣介石《しょうかいせき》は戦闘続行を決断すると、空軍が日本艦隊と租界への爆撃を実行。蔣介石は総動員令を全国に発して臨戦態勢を強化した。一方の日本政府も「盧溝橋事件ニ関スル政府声明」を発表し、南京政府（国民党）への断固たる処置、すなわち本格派兵を宣言している。

上海の戦いは11月に日本の勝利で終わったが、戦線は華中にまで広がり、事態の収拾は不可能となっていた。日中両国は泥沼の戦いに突入したのである。

36
日本が第二次世界大戦への参戦に積極的だったというのはウソ

通説

昭和14年（1939）、ドイツ軍のポーランド侵攻が端緒となり、第二次世界大戦が幕を開けた。ドイツの勢いは止《とど》まるところを知らず、ポーランドを分断するとノルウェー、ベルギー、オランダ、フランスをも領有する。こうした戦果がドイツと友好関係にあった日本に届くと、陸軍を中心に戦争への積極的な介入が取りざたされた。この流れから昭和16年（1941）、日本はアメリカとの戦争に突入していくのだった。

第二次世界大戦への参戦を決めた第二次近衛文麿内閣

真相

第二次世界大戦が始まった当時、日本は財政難や農作物の不作、さらには日中戦争の収拾をめぐって問題を抱えていた。**参戦する余力はなく、当初は第二次世界大戦に不介入の方針を貫くつもりだった。**

内憂外患の日本情勢

ナチスドイツがヨーロッパ各国を次々と占領したという報を受け、日本ではドイツに続いて大戦に参加すべきだという議論がにわかに盛り上がった。日本とドイツは昭和11年（1936）に「日独防共協定」を結んだ友好国。協力しあうことで、アメリカを牽制できるのではと期待が高まったからだ。

アメリカは中国で戦争を続ける日本に対し、経済封鎖を行い大陸から撤退させようとしていた。くず鉄や石油など、兵器製造・運営に欠かせない資源がアメリカから輸入されなくなり、日本の工業力停滞は時間の問題となる。すると陸軍を中心に、対米戦決行を求める声が大きくなった。

第二次世界大戦が勃発した際、アメリカは中立を宣言していたものの、英仏を救済するために参戦することが予想された。ドイツからすれば、アメリカとも戦争になれば状況は一転して厳しくなる。だが、日独が協力して牽制すれば、アメリカに参戦を躊躇させることができる。ドイツと日本がアメリカ大陸の東西から挟撃すれば、アメリカは戦力の分散を余儀なくされ、苦戦を強いられるからだ。ドイツに期待を寄せた近衛文麿《このえふみまろ》内閣は「バス（時流）に乗り遅れるな」をスローガンに掲げて全体主義体制を推し進め、開戦へと突き進んでいった。

こうした経緯をみると、日本は積極的に世界大戦に参加したようにもみえる。だが実際には、その頃の日本に欧米の大国と戦える余力はなく、政府は当初、不介入の方針を決めていた。

そもそも**ドイツと結んだ日独防共協定は、ソ連との戦闘のみに適応されると規定されていた**。ドイツや日本がソ連以外の国と戦争状態にあっても、兵を派遣する義務はないということだ。日米が開戦してもドイツの支援は期待できなかった。

仮にドイツの支援が得られたとしても、日本は内外の問題が山積しており、戦争をする余裕はなかった。ひとつは日中戦争である。

昭和12年（1937）に始まった日中戦争は、当初の想定が外れて泥沼化していた。12月には

中国広東省で1939年に起きた崑崙関（こんろんかん）の戦い。日本軍はこの戦いで後退した後、進軍する中国軍を食い止めたが、戦争は泥沼化して解決の糸口が見えない状況だった

国民党政府の首都南京を陥落させたが、英仏の支援を受ける中国は抗戦の手を緩めなかった。

そんな状況だったため、世界大戦が勃発しても、**阿部信行《あべのぶゆき》内閣は大戦に介入せず日中戦争の解決に専念することを宣言する**。だが、アメリカの経済的な圧力により、思うように打開できなかった。

食糧難と物価の高騰も問題だった。異常渇水が起きて日照りでコメが不足し、さらには水力発電所の稼働が落ち込み電力が不足してしまう。さらに大戦の影響で日本でもインフレが進み、国民の生活レベルが一気に落ちていた。

行き詰った阿部内閣は5カ月で総辞職し、後任に指名された米内光政《よないみつまさ》も、拡大路線を主張する陸軍によって間もなく退陣させられる。そして次に成立した第二次近衛文麿内閣が、ヨーロッパ戦線で快進撃を続けるドイツとの連携に動くのである。

37

アメリカが真珠湾攻撃の情報をつかんでいたというのはウソ

通説

太平洋戦争開戦の端緒となった真珠湾攻撃。日本海軍によって秘密裏に行われた作戦であったが、アメリカのフランクリン・ルーズベルト大統領や政府高官は暗号の解読などにより、攻撃を予測していたともいわれる。しかしルーズベルトは日本に先制攻撃をさせるため、わざと攻撃を防がなかったとされる。第二次世界大戦にアメリカが参戦するための口実を欲していたからだ。

真珠湾において日本軍の攻撃を受け炎上するアメリカ軍の戦艦

真相

アメリカ側が真珠湾攻撃を予期していたという説は、現在では否定されている。**真珠湾攻撃時、アメリカ軍は日本海軍の暗号通信を解読できておらず、奇襲を知ることは困難であった。**機動部隊が航行中に発した無線をアメリカ側が傍受し、艦隊の位置を把握していたとも言われるが、こちらも根拠はない。

アメリカは奇襲を察知していない

昭和16年（1941）12月8日未明（日本時間）、ハワイ・オアフ島の真珠湾に停泊する太平洋艦隊に、日本海軍の航空機350機が奇襲を仕掛けた。世に言う真珠湾攻撃である。

この奇襲により日本海軍は、戦艦5隻を沈没、航空機180機以上を破壊するなど甚大な損害をアメリカ軍に与える。大戦果に日本国内の新聞は「太平洋での米軍の攻撃作戦能力は完全に喪失した」と書き立て、国民は戦勝気分に沸き立った。

ただ、あまりにも劇的な勝利であったため、開戦間もない頃からある憶測が日米双方の間で生まれることとなった。それが「ルーズベルト大統領は真珠湾攻撃を知っていながら、第二次世界大戦に介入するため、あえて看過した」という陰謀論だ。現在でも有名な説だが、研究者の間では、アメリカ側が日本軍の奇襲を知っていた可能性は極めて低いとされている。

確かに米軍は、昭和15年（1940）の9月頃に、日本の外務省が使用していた「パープル」と呼ばれる外交暗号の解読に成功している。しかし米軍が解読していたのは、あくまでも外務省の暗号であり、**日本海軍の暗号は解読できていなかった**。海軍は真珠湾攻撃の作戦を徹底的に秘匿し、外務省にさえ内容を知らせていなかったため、外務省ルートで情報が漏れたとは考えられない。

また、東京からハワイの日本領事館に、真珠湾に停泊中の米軍艦隊に関する情報を求める電報が送られたことはあったが、傍受した米軍の幹部は「日本は各地に情報を送るよう求めており、これもその一つに過ぎない」と、さして重視しなかった。

米軍が日本海軍の作戦暗号が解読できるようになったのは、真珠湾攻撃からおよそ半年経った昭和17年（1942）の5月頃と言われている。真珠湾攻撃前に日本海軍の具体的な攻撃目

日本への宣戦布告文書に署名するルーズベルト大統領

標や開戦日時を特定できたと考えるには、まったく証拠がない。

「米軍は航行中の日本の機動部隊が発信する無線を傍受しており、真珠湾に接近することを知っていた」という反論もあるが、これも推測にとどまり証拠はない。**真珠湾に向かう機動部隊には傍受を回避するため、無線の使用禁止、いわゆる無線封止が厳しく命じられていた**。無線封止は送信機のキーを封印するなど徹底して遵守され、隊員がこれを破ったという記録も見られない。一連の作戦において機動部隊が初めて無線を発したのは、真珠湾において奇襲攻撃の成功を日本本土に伝えたときであった。内容は、「トラ・トラ・トラ」である。

このように、ルーズベルトが真珠湾攻撃の情報をつかんでいたという証拠はなく、根拠もすでに否定されている。

38

日独伊三国同盟は米英に影響を与えなかったというのはウソ

通説

日本はドイツ、イタリアと「日独伊三国同盟」を締結して敵対する欧米諸国に対抗しようとしたが、効果はほとんどなかった。アメリカ、イギリスへの対抗策であったが、対抗するどころかアメリカの怒りを招いただけだった。ヨーロッパと極東という地理的要因もあって相互支援はほとんどできず、同盟は有効に機能しなかったのだ。

日独伊三国同盟締結を首相官邸で祝う様子。中央で立っているのは外相の松岡洋右

真相

日独伊が同盟を結んだことでアメリカは敵国に東西から挟まれる形となり、双方からの攻撃に注意を払わざるを得なくなる。このプレッシャーが、アメリカに参戦を決意させた理由の一つだった。

三国同盟によるアメリカ包囲網

日本とナチスドイツの交流は、昭和8年（1933）から始まった。国際連盟を脱退した日本は、同じく国連を退いたドイツに接近。3年後には対ソ連防衛を想定した「日独防共協定」を締結し、その翌年にはイタリアを加えて「日独伊防共協定」を成立させた。

この協定は、ドイツが昭和14年（1939）に独ソ不可侵条約を締結したために事実上無効化されるが、第二次世界大戦が勃発すると、日独は再び接近する。ドイツの快進撃に驚愕した日本軍は、ドイツと軍事同盟を結んでアメリカを牽制しようと考えたのだ。ドイツとしても、日本はアジア方面の備えとして利用できると考えた。そして昭和15年（1940）9月27日、第二次近衛内閣は周囲の反対を押しのけ、日独伊三国同盟を締結した。

現在では、同盟は失敗だったとする向きが多い。ひとつは、ファシスト国家と同盟を結んだことでアメリカの怒りを買う一方、日独は両国が離れすぎているため、対米戦でもろくな支援ができなかったからだ。はみだし3国の同盟は「砂上の楼閣《ろうかく》」に過ぎなかった――と書いた書物もある。

確かに、同盟がうまく機能しなかったことは事実だが、意味がなかったかといえばそうではない。本当に無意味な同盟ならば、アメリカが反発することはないはずだ。実際には、**日独伊の結びつきは、アメリカの安全保障上の懸念だった**。

アメリカは国土を太平洋と大西洋に挟まれている。つまり、海を隔ててアジアとヨーロッパと面しているわけだ。その両地域から攻撃されたらどうなるか？　アメリカは戦力を集中させることができず、苦戦は必至である。英仏が降伏すれば、植民地とその周辺海域も三国の手に渡る。事実、フランスが降伏したことで日本は昭和16年（1941）7月までにフランス領インドシナへの進駐を完了している。これによって南シナ海の制海権を日本は有し、アメリカは

アメリカに宣戦布告をするヒトラー（中央）（ドイツ連邦公文書館所蔵）

極東の利権を失う危険があった。

しかし、日本側の思惑は外れることになる。**独伊はイギリスに続いてソ連とも戦端を開き、アメリカ本土への攻撃どころではなくなった**。日本も日中戦争が泥沼化したことで、アメリカにプレッシャーを与える余裕はない。東西からアメリカを威圧するという思惑は破綻した。

一方ドイツも、日本の行動で目論見が外れることになる。日本が独伊への事前通告なしに、アメリカに対して宣戦布告をしたのである。

そもそも**ヒトラーが日本と同盟を結んだのは、アメリカを欧州戦線に参戦させないためだった**。しかし、日本がアメリカを攻撃した以上、同盟を結ぶ独伊もアメリカへの宣戦布告を余儀なくされる。アメリカは欧州戦線に参加し、ドイツは最も恐れた対米開戦を余儀なくされてしまったのである。

第二次世界大戦の戦後処理について話し合ったポツダム会談の様子。ドイツ降伏後の1945年7月17日〜8月2日に行われた。この会談でポツダム宣言がつくられた

第四章

戦後にまつわるウソ

――戦いがもたらした変化に迫る――

39

蘇我氏が物部氏に勝利したことで仏教が受容されたというのはウソ

通説

6世紀半ば、蘇我《そが》氏は大陸から伝来した仏教を日本へ取り入れようとした。これに旧来の信仰を重んじる物部《もののべ》氏は反発。両者は対立し、ついに宗教戦争にまで発展した。この戦いは丁未《ていび》の乱と呼ばれ、蘇我氏が勝利したことで、日本で仏教が普及していったとみられる。

物部守屋（左）と蘇我馬子（右／「絹本著色聖徳太子勝鬘経講讃図」『日本国宝全集』国会図書館所蔵）。『日本書紀』によれば守屋は仏教受容に反対、馬子は賛成の立場だったという

真相

戦いが起きる前から、仏教は大陸から渡ってきた実務官僚を中心に信仰されていた。民間では、渡来人による寺院建立が進んでいた可能性もある。そのため物部氏が勝利していても、仏教受容の流れは変わらなかったと考えられる。

物部氏も仏教を受容していた

古代の日本では万物に八百万《やおよろず》の神々が宿ると信じられ、有力者は神々への祈りや感謝を伝える儀式をとりしきっていた。そんな日本で仏教が重んじられ始めたのは、二大豪族の決戦の結果であると、かつては考えられていた。二大豪族とは、蘇我氏と物部氏である。

両陣営は、欽明《きんめい》13年（552）に伝来した仏教の扱いをめぐって対立したとされる（仏教公伝は538年の説もあり）。『日本書紀』によれば、仏教導入に賛成した蘇我稲目《いなめ》に対し、物部尾輿《おこし》は猛反対した。渡来人と親しかった稲目は、仏教を介して大陸の先進技術や文化を採り入れようとしたのである。一方、尾輿は在来信仰を重んじたため、「我が国の神々がお怒りになる」として、天皇を諌《いさ》めたという。

両者の対立は、子ども世代に持ち越された。物部守屋と蘇我馬子が衝突し、用明2年（587）に丁未の乱が勃発したのである。これに蘇我氏が勝利したことで、仏教導入が正式に決定したとされる。

だが、こうした通説は近年覆りつつある。

そもそも、**物部氏も仏教を受容していた可能性がある**。物部氏の別荘があったとされる大阪府八尾市渋川町の渋川天神社周辺で、寺院の跡が発見されたからだ。跡地は渋川廃寺跡と呼ばれるようになり、守屋が仏教に否定的ではなかったことを示すものとして注目を集めた。ただし、その後に寺院は守屋の死後に建てられた可能性が高いとわかったため、丁未の乱前から物部氏が仏教を受容していたかは不明である。

では、物部氏が通説どおり廃仏派で、丁未の乱で勝っていたとしたら、仏教は受容されなかったのだろうか。おそらく仏教受容の流れは変わらなかっただろう。

渋川天神社。物部氏が建立に関わった可能性のある寺の跡地が周辺から見つかった

古代日本では、大陸から渡ってきた渡来人の技術力が必要不可欠だったが、彼らの中には仏教徒も多数いた。だからこそ、**天皇は民間での仏教崇拝を禁じていなかった**のだろう。奈良県明日香村坂田にあった坂田寺や福岡県田川郡の英彦山《ひこさん》にある霊泉寺のように、公伝前の建立と伝わる寺院もある。日本は積極的に大陸の技術を導入していたため、仏教が広まるのも時間の問題だったと考えられる。

仏教受容派の蘇我氏にしても、古来信仰に基づく祭祀を行なっている。**蘇我氏と物部氏の争いは宗教対立ではなく、権力闘争だったという見方が有力だ。**

また、大陸側の史料には、日本からの要望で仏教がもたらされたと記されている。仏教受容に反対する勢力がいたとしても、丁未の乱が起きた時点で受容の流れを止めることは、難しかったのではないだろうか。

40

承久の乱後に六波羅探題が京の治安を維持したというのはウソ

通説

承久《じょうきゅう》の乱の勝利によって、鎌倉幕府は京の都を支配下に置いた。後鳥羽《ごとば》上皇や反幕派の公家・皇族を厳しく裁き、後釜には幕府に都合のいい後堀河《ごほりかわ》天皇を擁立。さらに都を監視する六波羅探題《ろくはらたんだい》を設置し、京周辺を完全に制圧した。こうして京の支配者は、朝廷から鎌倉幕府へと移り変わったのである。

京都市の六波羅蜜寺。かつて周辺に六波羅探題があった

真相

鎌倉幕府が信任した天皇と皇族は、京の治安を維持できなかった。むしろ京は、盗賊化した討幕軍残党によって無法地帯と化してしまう。**取り締まりを担当するはずの六波羅探題は当初、機能不全になっており、幕府が京を統治するには時間を要した。**

無法地帯となった都

承久3年（1221）6月、鎌倉幕府は北条氏討伐を掲げる朝廷軍を撃退（承久の乱）。その後、反幕府派の公家や武士は厳しく処分された。7月には佐々木広綱《ひろつな》ら朝廷軍の主力武家が処刑され、仲恭《ちゅうきょう》天皇が強制的に退位させられる。幕府は後堀河天皇を即位させると、首謀者の後鳥羽上皇と順徳《じゅんとく》上皇を流罪とし、その側近も次々に処罰していった。

こうした戦後処理を京で担った幕府の出先機関が、六波羅探題である。反乱分子の鎮圧後には治安維持と裁判を担い、京を事実上支配した。そのため司法権を奪われ皇位継承に介入されるようになった朝廷と都は、鎌倉幕府の統制下に置かれたと考えられてきた。

しかし実際には、この頃の都の統治権を握っていたのは朝廷である。また急激に犯罪が増えたことで、六波羅探題は治安を維持することができなかった。

『明月記《めいげつき》』や『平戸記《へいこき》』など公家の日記によると、承久の乱を境に都では群盗の被害が増えていた。群盗は数人から数十人で徒党を組み、放火や強盗殺人を頻繁に行なった。なかには没落貴族や朝廷軍残党も多数いたという。民家だけに留まらず、寺社や公家の邸宅までもが狙われた。

さらに寛喜《かんぎ》3年（1231）に大飢饉《だいききん》が生じると、治安悪化に拍車がかかった。被害規模は不明だが、後高倉《ごたかくら》法皇の御所も放火されており、都の治安は極度に悪化していたと考えられる。

この群盗問題は、幕府が後鳥羽一派と西国武士団を一掃したことが原因で起きた。幕府が擁立した後堀河天皇は病弱でリーダーシップがとれず、側近は政権運営のノウハウのない者ばかり。さらに在京武士がいなくなり**警察機構の検非違使庁《けびいしちょう》が深刻な人手不足に陥ったことで、朝廷単独では治安維持が難しくなった**。承久の乱前から治安は悪化していたというが、幕府による粛清が最後の一押しとなった可能性は高い。

では、こうした事態に対して、治安維持を担った六波羅探題はどう対処したのか？　実は何

京の治安維持を担った検非違使（「伴大納言絵巻」国会図書館所蔵）

年も本気で取り組めていなかった。**六波羅探題は戦後処理と寺院同士の紛争解決に力を入れており、洛中の警察行動には極めて消極的だった**のだ。

朝廷と六波羅探題が初めて群盗問題について評議したのは、天福《てんぷく》元年（1233）のことである。承久の乱が起きてから、実に10年以上が経っていた。評議によって京中の強盗殺人に関する追加法が制定されたものの、2年後にできた追加法で「武士が関与しない案件は処理せず」と明文化している。京は朝廷勢力が警備しろということだ。

しかし、嘉禎《かてい》4年（1238）に将軍・九条頼経《くじょうよりつね》が検非違使別当を補任したことで、幕府の出張機関である六波羅探題も治安維持に本腰を入れざるを得なくなる。幕府が京の警察機構と軍事を掌握したのは寛元4年（1246）から宝治《ほうじ》元年（1247）頃のこと。都を実効支配するのに、20年もの時間を費やしたのだ。

41

足利尊氏が弟直義との戦い後に側近の暗殺を黙認したというのはウソ

通説

観応《かんのう》の擾乱《じょうらん》は、足利尊氏の弟と側近の対立から拡大した、室町幕府最大の内乱である。尊氏は側近の高師直《こうのもろなお》に味方していたが、敗北が相次ぐと高一族の出家を条件に、弟直義《ただよし》に和睦を提案する。しかし一方で、尊氏は直義派と密約を交わし、高一族の暗殺を黙認していた。そのため和睦成立の翌週に、師直は直義派の武士団に暗殺されたのである。

足利尊氏の弟で室町幕府の政治的中心人物だった足利直義

真相

密約説は、観応の擾乱から300年以上経った江戸時代に初めて書物に記された。裏付けがはっきりしておらず、**脚色である可能性が高い**。徳川家が尊氏のライバルの末裔を称していたことから、尊氏を忠義に反する謀反者として演出する意図があったのではという指摘もある。

高一族は見捨てられたのか

鎌倉幕府の重臣でありながら、後醍醐《ごだいご》天皇に寝返って活躍した倒幕の中心人物。かと思えば後醍醐天皇の建武政権を裏切り、自ら幕府を興した冷徹な謀略家。戦前には、足利尊氏にはこんなイメージが根強かった。側近の高師直暗殺は、そうしたイメージを裏付ける好例である。

成立直後の室町幕府は、尊氏の弟である直義と、尊氏側近の高師直が権力の中心的存在だった。直義は秩序や朝廷を重んじたのに対し、師直は改革志向が強かった。両者は折り合いが悪く、直義派は政治工作をして高師直を政治中枢から追放している。こうした対立が頂点に達したのが、観応の擾乱であった。

観応の擾乱は正平《しょうへい》5年／観応元年（1350）から2年間続いた室町幕府の内乱で、尊氏・師直軍と直義軍との衝突である。内乱勃発の翌年には九州の反乱鎮圧に尊氏と師直が出発した隙をつき、直義が大和国（奈良県）から京へと進撃している。尊氏軍は引き返してきたものの、直義軍は播磨《はりま》光明寺《こうみょうじ》と摂津《せっつ》打出浜《うちではま》で撃退している。優勢に立った直義は師直とその弟の出家を条件に、尊氏と和睦。ところが、高兄弟は和睦後に直義派の武士たちに暗殺されてしまった。

通説では、この暗殺事件の背後に尊氏と直義の密約があったとされる。出家では不十分だとして、尊氏が師直の殺害許可を与えたというのだ。

敗戦後に余力のない尊氏が、やむなく高兄弟を見捨てたとしてもおかしくはない。だが殺害を自ら言い出したとは考えにくい。何といっても**高一族は未だに強い勢力を保っており、密約が発覚すれば暗殺されるのは尊氏の方である**。いくら和睦成立のためとはいえ、そんな危険を冒してまで博打を打つとは考えられない。

そもそも、**勝者である直義に密約を結ぶ必要性は全くなかった**。尊氏は事件後に、事件を起

師直一族が上杉能憲に殺された武庫川（むこがわ）

こした上杉能憲《よしのり》の処刑を要求したが、直義には相手にされなかった。尊氏の要求を呑んだというよりは、自らの判断で宿敵の高兄弟を謀殺したと考えたほうが自然だ。

密約話が史料に初めて登場するのは、観応の擾乱から300年以上経った江戸時代である。出典の『続本朝《ぞくほんちょう》通鑑《つがん》』は、幕府の儒学者林一族による編纂だ。徳川将軍家は新田一族の末裔を自称しており、足利尊氏は新田義貞《にったよしさだ》のライバルである。先祖の宿敵を冷酷な謀略家として演出し、将軍家の正統性を高めようとした可能性も考えられる。

さらに**明治時代になると、尊氏は天皇に反旗を翻した逆賊として著しく評価が低かった**。江戸時代の軍記物なども影響して冷酷な謀略家というイメージが近代には強かったが、そうしたイメージは歴史的事実ではないと考えるのが、現在では一般的である。

42 秀吉は山崎の戦い直後に信長の後継者になったというのはウソ

通説

明智光秀が織田信長を討ったことを知ると、羽柴秀吉は中国地方から畿内へ兵を引き返した。短期間で京に到着すると軍を集め、主君の仇である光秀軍と山崎の地で衝突。この山崎の戦いに勝利したことで、羽柴秀吉は織田信長の後継者としての地位を確立した。

山崎の戦いを描いた錦絵（月岡芳年「山崎大戦之図」）

真相

山崎の戦いに勝利したものの、秀吉はあくまで有力家臣のひとりだった。**後継者争いを一歩リードしたが、信長に匹敵する領地や軍事力は持っていなかった。**秀吉が主家を超える権力を得るのは、小牧・長久手の戦い以後である。

いつ秀吉は信長の後継者となったのか

天下統一を目前とした織田信長は、天正10年（1582）6月2日に京都本能寺にて家臣の明智光秀に討たれた。その光秀を倒し、信長の後継者になったのが羽柴秀吉だ。

秀吉が信長の死を知ったのは本能寺の変の翌日のこと。一説には、中国地方の毛利家を攻略中に偶然光秀の使者を捕えたのだという。後世の創作ともいわれているが、秀吉が早々に謀反の情報を掴んでいたのは事実のようだ。毛利家との和睦を6月4日に成立させ、備前《びぜん》（岡山県）から一週間ほどで京に到着している。

秀吉は畿内に集まる織田軍をまとめあげると、13日に山崎（京都府大山崎町）の地において光秀軍を迎え撃った。約4万の秀吉軍に対し、光秀軍は約1万。戦いは、兵力に勝る秀吉の圧勝に終わった。

織田家を率いて光秀を破ったことから、山崎の戦い後に秀吉が信長の後継者になったように見える。だが、事実は異なる。織田家には信長の二男信雄《のぶかつ》と三男の信孝《のぶたか》が健在だったし、柴田勝家を筆頭とする重臣たちもいた。秀吉は彼らに一歩リードしたに過ぎず、**信長の後継者たる地位を確立してはいなかった**。

秀吉が織田家の中心人物となるのは、合戦直後に開かれた清洲《きよす》会議からだ。清洲会議とは、織田家の次期当主を決めるため、清洲城で開かれた織田家重臣による会議のことである。

この会議で、秀吉は自身が推す三法師を次期当主とすることに成功した。三法師は亡くなった嫡男信忠《のぶただ》の子で、信長の孫である。当時は3歳と幼かったため、秀吉は自身が後見人になることを提案した。勝家は反対したが秀吉は他の重臣に根回しをしていたため、後継者は三法師に決定したという。

その後、秀吉に反発して勝家は挙兵するも敗れ、勝家についた信孝も切腹する。徳川家康と

三法師を擁立する秀吉（「大日本歴史錦絵」国会図書館所蔵）

同盟を結んだ信雄も秀吉に降《くだ》り、織田家は秀吉が継承することになった。

織田家の実権を握った秀吉は、朝廷権力を後ろ盾に全国統治を進める。信長も天皇や幕府の権威を利用したが、秀吉も関白の地位に就いて朝廷の権威を大いに活用した。

天正13年（1585）7月、近衛《このえ》前久《さきひさ》の養子となった秀吉は、公家の最高位である関白に就任。さらに太政大臣の官位と豊臣の姓を朝廷から賜り、天皇から全国の統治権を事実上委任された。武家が関白に就任したのは、日本史上これが初めてである。

こうして権力を強化したことで、秀吉は天下統一事業を本格化させていく。**織田家を統一し、朝廷との協力関係を強化したことで、全国の大名を従わせることができるようになった**のである。山崎の戦いでの勝利から、約2年が経過したころだった。

43

関ヶ原の戦いの勝利により家康は天下を掌握したというのはウソ

通説

関ヶ原の戦いに勝利した徳川家康は、西軍諸将や豊臣家から広大な土地を没収した。この土地を、家康は家臣や味方した東軍諸将に分配している。その結果、豊臣家を慕う大名は弱体化し、豊臣秀頼は徳川家への対抗力を喪失。戦後処理によって、天下人の座は豊臣家から徳川家へと移り変わった。

徳川家康像《模本》（左）と伝豊臣秀頼像《模本》（右）（いずれも東京大学史料編纂所所蔵）

真相

豊臣家は弱体化して一大名になったものの、65万石の石高を有し、大坂城には莫大な金が蓄えられていた。家康は豊臣秀頼に配慮せざるを得ず、戦後処理は秀頼のもと行う形をとる。家康を豊臣政権の筆頭家老のように考える諸大名もおり、**家康が完全に天下を掌握するのはもう少し時間を要した。**

道半ばだった徳川の天下

近年、関ヶ原の戦いの評価は大きく変化している。徳川と豊臣が雌雄を決した天下分け目の戦いではなく、豊臣家家臣が反徳川派と反三成派に分かれて争ったととらえる説が、有力視されているのだ。これに伴い、家康による戦後処理についても、解釈が変化している。

関ヶ原の戦い後、家康は石田三成、安国寺恵瓊《あんこくじえけい》、小西行長《こにしゆきなが》を斬首に処し、西軍諸将の領地を大幅に削減した。家康に味方した豊臣諸将は、加増を口実に領地を江戸周辺から替えさせている。敵対勢力を一掃したことで、家康が天下人の座に近づいたことは確かである。

ただしこの時点では、家康は天下を完全に手中に収めていなかった。秀頼の家臣という立場上、秀頼のもとで戦後処理と政務を行う形を取らざるを得なかったのだ。

諸大名のなかにも、家康を天下人と認識しない者が少なくなかった。出羽国《でわ》(秋田県)の大名である秋田実季《さねすえ》は、慶長5年(1600)10月13日付の書状で、家臣に「秀頼様を守り立てる家康に無二御奉公せよ」と命じている。また家康の主治医であった板坂卜斎《ぼくさい》も、『慶長年中卜斎記』にて「大名は主を秀頼公と心得ていた。諸人下々まで、家康を家老と心得て主と思っていなかった」と回顧している。

こうしてみると、関ヶ原の戦い後の数年間、諸大名は天下の主を豊臣家だと信じていたようだ。家康は豊臣家中の有力家老という位置付けである。

もちろん家康としては、徳川家の権力強化に余念がなかった。大坂城西の丸への入城は、その一環である。秀吉の正室である北政所《きたのまんどころ》から西の丸を譲り受けて秀頼の後見人としての地位を得たことで、権力を強化したわけだ。

だが、実は西の丸を受け取ったのは家康ではなく、豊臣恩顧の福島正則《ふくしままさのり》、藤堂高虎《とうどうたかとら》、池田輝《いけだてる》

幕末に撮られた大坂城本丸

政《まさ》、黒田《くろだ》長政《ながまさ》、浅野《あさの》幸長《ゆきなが》だった。家康は彼らを通じて西の丸に入ったのである。

家康が豊臣恩顧の大名の協力を仰いだのは、**関ヶ原の戦い前後において、諸大名を従わせるだけの権力がなかった**からだ。関ヶ原の戦いが始まる前には大坂城を毛利家に牛耳られ、西軍から弾劾書を突き付けられて家康は権力の正当性が揺らいでいた。

だからこそ家康は、反三成系の豊臣武将を関ヶ原の戦いに先んじて戦わせて様子を伺っていた。江戸から関ヶ原の地へ向かったのは、反三成諸将が岐阜城での戦いに勝利して、東軍優勢が確立してからのことである。しかも道中は旗や馬印《うまじるし》を隠して目立たぬように進むなど、反逆ととらえられないよう細心の注意を払った。だが、関ヶ原の戦いでは豊臣恩顧の武将が活躍したため、戦後は彼らに配慮せざるを得なかったのだ。

44

戊辰戦争後に旧幕派すべてが厳しく処罰されたというのはウソ

通説

江戸城無血開城に反発する旧幕臣は、東北に逃げ延びて新政府と徹底的に対抗する。そんな旧幕勢力に対して、新政府軍の仕打ちは苛烈だった。戦場となった会津では旧幕兵への残虐行為が横行し、戦いが終わると死体はわざと放置された。さらには旧幕諸藩の有力者をことごとく死刑とするなど、新政府は旧幕派に全く容赦をしなかった。

会津戦争を描いた錦絵（月岡芳年「明治太平記内会津若松戦争之図」）

真相

当初から新政府は、旧幕派すべてに厳しい処分を下そうとはしていなかった。戊辰《ぼしん》戦争後に極刑に処されたのは藩士のみで、藩主は誰も死刑になっていない。所領を奪われた藩もあるが、**大半の藩は所領を一定程度安堵されていた**。

助命されていた藩主たち

薩長《さっちょう》土肥《どひ》を中心とした新政府軍と旧幕軍が戦火を交えた戊辰戦争。東北各地が戦場になり、旧幕軍の重要拠点である会津でも、大規模な戦闘が起きた。この戦いを会津戦争といい、戦闘は最新兵器を保有する新政府軍の圧勝に終わった。

　会津戦争が終わると新政府軍は旧幕派を厳しく処罰した、というのが通説だ。捕えた会津兵や庶民に暴行を加え、戦闘が終了しても死体の埋葬を半年も許さない。会津と同盟を結んだ諸藩の首脳陣は多くが処刑され、旧幕派は事実上壊滅した――。そんな風に考えられていた。

しかし近年、こうした通説の誤りが指摘されている。例えば、**会津降伏の10日後には兵の死体の埋葬が命令されていた**。半年放置されたと言われるようになったのは、膨大な数の死体を埋葬するのに時間がかかったからだろう。また、戦闘から半年後に死体が阿弥陀寺へ改葬されたことが「半年間も死体を埋めなかった」という方向に誤解されていったという指摘もある。

旧幕派すべてが厳しく処分されたという見方も、現在では見直されている。

戦争終結後、新政府は明治天皇の詔書に基づき東北への処罰を下した。列藩同盟の中核であった仙台藩では、重臣の但木土佐《ただきとさ》と坂英力《さかえいりき》が死罪となり、米沢藩では家老の色部長門《いろべながと》（戦死）が御家断絶となった。会津藩家老の萱野権兵衛《かやのごんべえ》も反乱の首謀者として処刑されるなど、生死を問わず約20人の重臣が死刑や重罰となっている。また会津藩のほか山形藩（近江転封）、福島藩（三河重原転封）、請西藩《じょうざい》の4藩は領地を失っている。請西藩は藩主自らが脱藩して新政府軍に敵対したことが問題視され、約1万石から300石に改易された。

ただし藩主ともなると、事情が違ってくる。仙台藩主の伊達慶邦《だてよしくに》は謹慎処分、米沢藩主の上杉斉憲《なりのり》は隠居で済んでいる。会津藩主の松平容保《まつだいらかたもり》は当初、封土没収と永預け（終身謹慎）を命じられたが、明治2年（1869）には華族に列し、再興を許されて下北半島の斗南藩《となみ》3万石

会津藩主だった松平容保（左）と仙台藩主だった伊達慶邦（右）

を与えられた。藩主で死罪となった者は誰もいない。

藩主が微罪で済んだのは、首謀者が「同盟を主導した側近たち」だと判断されたからだろう。明治天皇の詔書の中でも「容保の死一等を宥して首謀の者を誅《ちゅう》し」とされており、**藩主の処刑は最初から想定していなかった**ことがうかがえる。

また、藩によって処罰の差は大きかった。新政府軍と最後まで戦った庄内藩は移封処分となるはずだったが、30万両の献金の他、70万両の賠償金に合意したことで旧領の大部分が安堵された。盛岡藩は仙台領白石への転封が命じられていたが、領民の一揆で旧領復帰が許されている。他の諸藩も大半が一定の領土を保障され、庄内藩のように懇願や献金で転封を免れた事例も多々ある。新政府軍は資金不足に悩んでいたため、処罰の緩和と引き換えに金を受け取ったほうが得策だと、判断したのかもしれない。

45

日露戦争を戦訓に陸軍は無謀な白兵主義に固執したというのはウソ

通説

日本陸軍は、合理的な火力・機動主義で日露戦争に勝利した。しかし戦後、日本軍の軍事思想は白兵主義に転換する。歩兵による突撃を重んじ、精神論がまかりとおるようになったのだ。一方、世界各国は、砲兵の火力と戦車を重視する戦術が主流となっていた。こうした価値観の違いの影響で、日本軍は太平洋戦争において、アメリカ軍を相手に多大な損害を出してしまった。旧来の戦術に固執したことが一因となり、日本陸軍は敗北を喫したのである。

日露戦争時、朝鮮半島を進軍中の日本兵

真相

戦前の日本の経済力では、火力主義の徹底は不可能だった。そこでやむを得ず、白兵戦主体の戦略に転換することになる。当時の白兵主義ではやみくもに突撃するのではなく、陣地の攻撃を優先した。これは太平洋戦争直前の軍事戦略としては、あながち的外れではなかった。

合理的であった白兵主義

日露戦争後の日本陸軍は、誤った戦術に固執するようになったとよくいわれている。ドイツを参考にした火力・機動重視の戦術から、精神力と白兵戦を重視する戦術に切り替えたのだ。

戦術を転換したのは、歩兵戦で陸軍大国のロシアを追い詰めたことで、陸軍首脳部がこの戦術に自信をつけたからだといわれてきた。明治42年（１９０９）に改訂された『歩兵操典』には「白兵を以て最後の決を与ふへきもの」と記載されており、確かに重火器配備を進めた欧米各国とは逆行している。一見、陸軍の硬直した思考を象徴しているようにも思える。

だが実際には、陸軍は精神主義に傾いたのではなく、日本の工業力をふまえ、火力主義から脱却せざるを得なかったのである。

火力戦術を完遂するには大量の武器弾薬が必要となるが、当時の日本にそれだけの生産力はなかった。日露戦争では年間生産量に相当する砲弾量を数日で使い切り、生産体制がまるで追い付いていない。しかも、戦争資金を集めるために増税を重ねたことで国民からは不満の声が相次いだ。砲弾を湯水のように使う火力主義を貫くことは、あらゆる意味で困難だったのだ。

実際、**日露戦争時の日本砲兵は練度と装備が未熟で、ロシア軍へ与えた損害は芳しくなかった**。ロシア軍の報告によると、ロシア兵負傷者のうち日本火砲による損害は14％ほどにとどまる（日本軍はこの情報を把握していない）。

こうして日本陸軍は、火力主義から脱却して白兵主義に傾いた。白兵主義と聞くと第二次世界大戦末期の「バンザイ突撃」を思い出す人もいるだろう。兵士の命を軽視する恐ろしい突撃行為だが、実際の白兵戦術はこんな無謀なものではなかった。**歩兵が攻撃する前に砲撃で敵火砲を潰し、機関銃の支援のもとで防備の薄い個所に攻め入るのが本来の白兵戦術**であり、日本

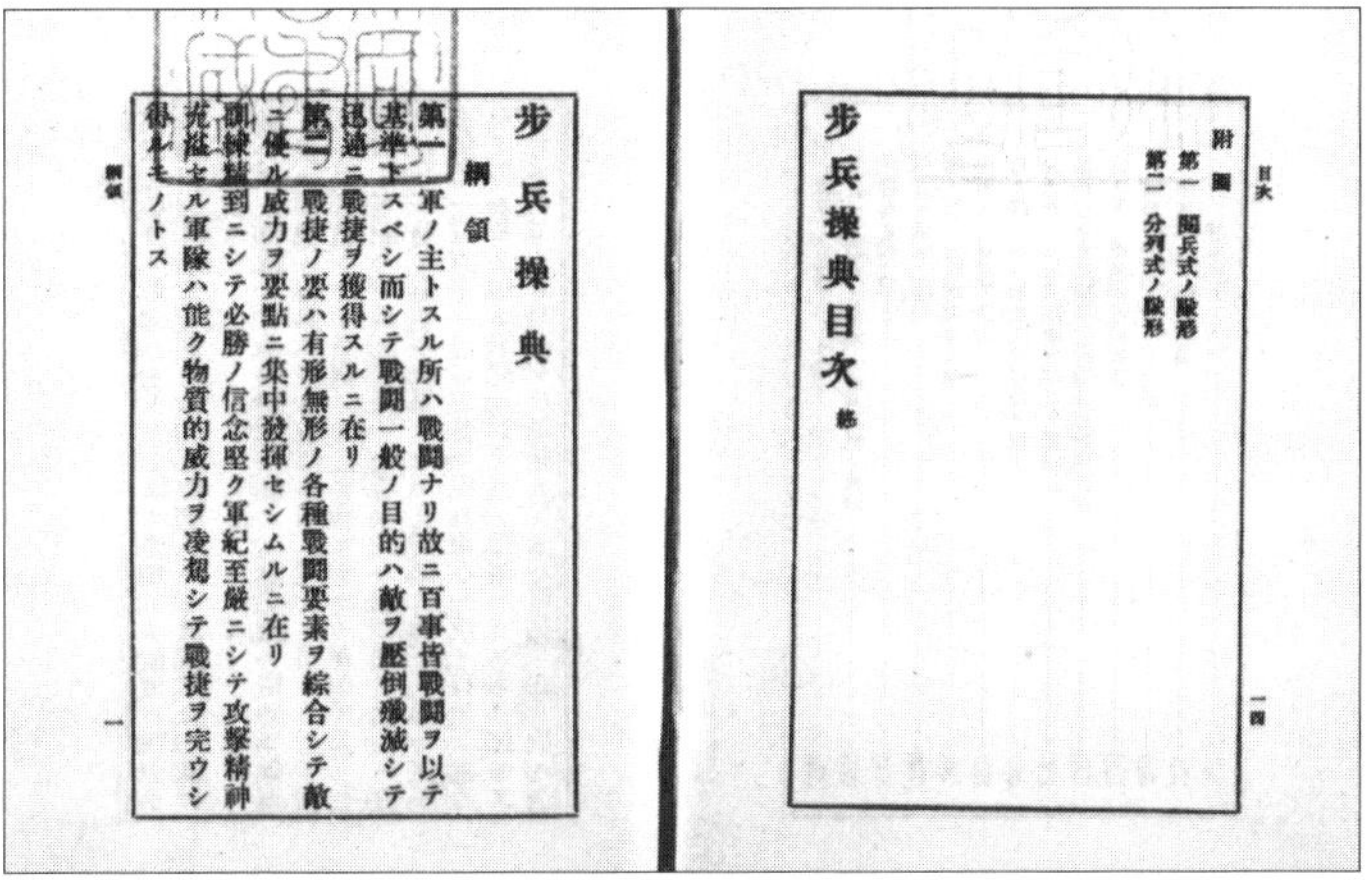

歩兵操典目次

附圖
第一　閲兵式ノ隊形
第二　分列式ノ隊形

歩兵操典

綱領

第一　軍ノ主トスル所ハ戦闘ナリ故ニ百事皆戦闘ヲ以テ基準トスベシ而シテ戦闘一般ノ目的ハ敵ヲ壓倒殲滅シテ迅速ニ戦捷ヲ獲得スルニ在リ

第二　戦捷ノ要ハ有形無形ノ各種戦闘要素ヲ綜合シテ敵ニ優ル威力ヲ要點ニ集中發揮セシムルニ在リ
訓練精到ニシテ必勝ノ信念堅ク軍紀至嚴ニシテ攻撃精神充溢セル軍隊ハ能ク物質的威力ヲ凌駕シテ戦捷ヲ完ウシ得ルモノトス

陸軍が歩兵の訓練基準や戦闘の指針を示した『歩兵操典』（国会図書館所蔵）

陸軍が想定していたのもこの戦術だった。『歩兵操典』も「最後の決」としているように、近接攻撃で戦い続けろとは書いていない。

また、白兵主義が時代に逆行したように思われることもあるが、それも正しくない。旅順要塞攻防戦の勝利後、日本軍は今後の戦争は**陣地戦**が主体になると想定した。強固な陣地を砲撃のみで制圧するのは難しく、歩兵攻撃が必要不可欠だと考えたようだ。

この予想が半ば当たったのが、**第一次世界大戦**である。欧州戦線では塹壕《ざんごう》を利用した陣地戦が主体で、ドイツ軍は防備の薄い個所への突撃を繰り返していた。

ただし、第一次世界大戦で白兵戦が重視されたとはいえ、同大戦では航空機や戦車など新兵器が登場し、戦術の変化が求められた。白兵主義だけでは勝てない時代になりつつあったが、陸軍はその変化にうまく対応できなかったようである。

46

シベリア抑留の裏に日ソの密約があったというのはウソ

通説

第二次世界大戦後に日本軍捕虜がシベリアなどに移送されたシベリア抑留。この出来事は、日ソの密約を受けて行われたともいわれる。停戦会談で関東軍が日本人捕虜の提供をソ連に申し出たことで、約60万人の捕虜がソ連の強制労働に従事したという。労務提供は関東軍の独断ではなく、終戦前から日本政府が賠償代わりとして計画していたともいわれている。

シベリアに抑留されていた復員兵。帰還船「大久丸」の甲板で舞鶴への上陸を待っている

真相

日ソ間に抑留の合意があったことを示す物的証拠はなく、**密約説は陰謀論の域を出ていない**。また、停戦会議において日本に発言権はほぼなかったので、ソ連に何らかの提案をすること自体が不可能だったとされており、状況証拠も乏しい。

証拠のない日ソの抑留密約

昭和20年（1945）8月14日にポツダム宣言を受諾したことで、日本は太平洋戦争に敗北した。世界各地に展開する日本部隊は帰国の日程が決定するまで、連合軍各国に一時抑留されることになる。このとき日本人に最も過酷な態度をとったのが、ソ連である。

ソ連軍は降伏した日本兵をシベリアなどに連行

し、強制労働を課した。収容所では満足な食事を与えられず、暖房すらない粗末な小屋に押し込められたという。日本兵は次々に倒れ、抑留者約60万人のうち6万人近くが死亡したとされるが、実数はさらに多いという説もある。

このシベリア抑留に、関東軍が関与していたとされるのが日ソ密約説だ。

8月19日、満ソ国境沿いのジャリコーヴォで行われた停戦会談において、関東軍がソ連軍に捕虜の労務提供を申し出たという説である。このとき交渉の中核となったのは参謀の瀬島龍三とされる。関東軍本部も8月26日付で捕虜の労働を認める文書をソ連軍に提出したという。

また、日本政府も7月の段階でソ連への労役提供を取り入れて和平交渉要綱を制定しており、全ては国体を守るためであった。そんな密約があったとまことしやかにささやかれていた。

だが、結論からいうと密約があった可能性は非常に低く、俗説の域を出ない。

まず、そもそも日本は、**ソ連に提案を持ちかけられるほどの立場になかった**。ポツダム宣言を受諾した時点で日本は敗戦国なので、戦勝国であるソ連への発言権は持っていなかった。会談中はソ連が「命令」を一方的に伝えただけで、日本に許されたのは多少の質問のみだったのである。

関東軍が軍人や希望者のソ連軍への労役を認めた「ワシレフスキー元帥ニ對《たい》スル報告」を提出したのは事実だが、その日付は8月26日で、ソ連の国家防衛委員会が労働使役を決定した23

第2シベリア鉄道建設で材木の運搬作業を行う日本人抑留者たち（朝日新聞社提供）

日よりも後のこと。21日に大本営の使者が口頭で労務提供を伝えたともいわれるが根拠はなく、日ソの密約はなかったと考えるのが自然だろう。

そもそもソ連は、ロシア帝国の時代から囚人をシベリアで強制労働させていた歴史がある。大戦時にも24か国約420万人の捕虜がソ連各地の収容所で強制労働に従事させられた。**捕虜の強制労働はソ連にとっては普通のこと**であり、日本兵の労役は既定路線だったと考えられる。

ただし、7月の最高戦争指導会議で定められたソ連への和平仲介案の中で、日本政府が「賠償として一部の労力を提供する」と申し出てはいる。労力とは満州の軍人や民衆のことで、スターリンとの直接会談の中で提案する予定だったという。会談はソ連参戦で中止となったため、この仲介案が実現することもなかった。

47

ポツダム宣言が日本に無条件降伏を求めたというのはウソ

通説

イタリアに続きドイツが降伏すると、連合国は交戦を続ける日本に無条件降伏を求めるポツダム宣言を発表した。日本はすぐには受け入れなかったが、アメリカは広島・長崎に原爆を投下し、さらにソ連が対日参戦を宣言したことで、降伏を決定。ポツダム宣言を受諾して日本は無条件降伏を受け入れ、太平洋戦争は終結したのである。

ポツダムに集まった米英ソの指導者たち。日本の降伏を求めるポツダム宣言がつくられた他、戦後処理について話し合われた

真相

終戦時は、「無条件降伏」の明確な解釈が確立していなかった。**ポツダム宣言で明文化されていたのは「日本軍」の無条件降伏**であり、領土などに関しては条件を指定している。ポツダム宣言が軍ではなく日本国に対しても無条件降伏を求めていたか、研究者によって意見は分かれている。

ポツダム宣言は無条件降伏だったのか

太平洋戦争は、日本が無条件降伏をしたことで終結した――。

歴史教科書などで見られる、太平洋戦争の結末を記した一文である。連合国が初めて枢軸国《すうじくこく》への無条件降伏を定めたのは、昭和18年（１９４３）１月に米英の間で行われたカサブランカ会議だ。

同年11月には中華民国を加えて日本の海外領土はく奪なども記載したカイロ宣言が発表され、これを引き継ぎポツダム宣言の文面が作成された。

ポツダム宣言は、昭和20年（1945）7月に米英中（ソ連が後に追認）の共同で発せられた。13の項目で構成され、日本軍の武装解除と海外領土の放棄、そして無条件降伏を要求する内容だ。これを受諾したことによって、日本は太平洋戦争で無条件降伏をしたと信じられてきた。

だが現在では、日本は無条件降伏をしていないと主張する研究者もいる。根拠は、ポツダム宣言の第13項だ。そこには「全日本軍の無条件降伏。以上の行動に於ける日本国政府の誠意について、同政府による保証が提供されること。これ以外の選択肢は、迅速且つ完全なる壊滅のみ」とある。**注目するべきは、降伏を求めたのは「日本軍」だということ**だ。

この違いは、ドイツの降伏と比較するとよくわかる。ドイツが同年5月8日にフランスで調印した降伏文書には、降伏の条件が一切示されていなかった。6月に発表された「ベルリン宣言」でも、「ドイツ軍の無条件降伏によってドイツ国は無条件降伏した」と書かれており、国家全体が無条件で連合国に屈したと表現されている。

一方で、ポツダム宣言は「軍の無条件降伏」のみを求め、「所有が許される領地」を指定するなど**降伏条件と見られる記載もある**。また、連合国の行動に関するルールもある。例えば、「武装解除後の日本軍は速やかに各家庭で平和・生産的な生活を送る」とした9項や、「基本的

日本がポツダム宣言を受諾したことを伝えるトルーマン大統領

人権の尊重は確立されること」と規定した10項のように、占領下での義務を制定していた。

ただし、このルールが守られたとは言い難い。連合国軍総司令部（GHQ）のメディア弾圧や不都合な書籍の没収などは10項に違反しているし、ソ連軍によるシベリア抑留も9項違反である。これらに日本政府が抗議した形跡は全くない。

ポツダム宣言が日本の無条件降伏を求めたかは、意見が分かれる。その一因は、終戦時に「無条件降伏」の解釈が確立していなかったからだ。そのため、「無条件降伏は提示された条件を無条件で受け入れ降伏すること」と解釈する研究者も多い。

ポツダム宣言の文面をそのまま読めば無条件降伏を受け入れたのは「日本軍」だ。ただ、終戦後は「日本が無条件降伏をした」という解釈が国会答弁などでも見られ、この価値観が広まることとなった。

48

日本人が太平洋戦争後に従軍していないというのはウソ

通説

太平洋戦争終結から5年後の昭和25年（1950）6月、朝鮮戦争が勃発した。朝鮮半島が北緯38度線を挟んで分断され、北は朝鮮民主主義人民共和国、南は大韓民国に分かれて武力衝突を起した。3年後に休戦となって現在に至っており、両国は名目上、戦時中のままである。敗戦に伴い軍が解体された日本はこの戦争に軍事的には関与せず、戦闘に加わる者もいなかった。

朝鮮戦争時の写真。撤退中のアメリカ軍海兵隊をとらえている

真相

アメリカ軍を中心とする国連軍の要請を受け、**海上保安庁は特別掃海隊を組織して日本海の機雷除去を行っていた**。さらには、**日本の民間人が米軍に従軍し**、前線で戦闘に加わっていたという記録も発見されている。

戦闘で朝鮮人兵士を銃殺した日本人

昭和25年（1950）6月に北朝鮮が38度線を越境して韓国に攻め入った。朝鮮戦争の勃発である。北朝鮮がソ連と中国の支援を受けていたのに対し、韓国はアメリカを中心とした国連軍がバックにいた。

一般的には、軍が解体されてGHQの占領下にあった日本は、この戦争に軍事的には関わっていなかったといわれる。だが、実際は異なっていた。

日本は国連軍から要請を受けて、戦闘行為の一つである**機雷の除去（掃海）**に従事していた。任務に当たったのは海上保安庁が極秘に組織した特別掃海隊だ。46隻の掃海艇、大型試航船および約1200名の旧海軍軍人が従事したとされる。他にも米軍基地などで働いていた労働者が兵員や物資の輸送作業に従事し、日本赤十字社からは従軍看護婦が派遣されて、国連軍病院で勤務していた。

ただ、これらに従事した日本人は、直接敵兵を攻撃したわけではない。軍需物資の輸出や後方支援は担ったものの、日本人が戦闘に参加したわけではないだろう――。長年そんなふうに思われていたが、近年この通説を覆す事実が明らかになった。令和2年（2020）、**日本人が朝鮮戦争時にアメリカ軍の一員として従軍し、前線に参加した**という記録が、毎日新聞によって報じられたのだ。

同社が入手したアメリカ国立公文書館の極秘文書は、「韓国における日本人の無許可輸送と使用」という。少なくとも60人の民間人がアメリカ軍に帯同し、うち18人が戦闘に加わっていたと記録されていた。60人の尋問記録を中心に構成しており、帯同者の48人は在日米軍基地の従業員で、全体の18人は少年、9歳の子どももいた。基地で働いているときに米軍の上官に誘われた人が多かったようだ。

ある日本人は、同行した部隊からカービン銃を支給され、激戦だった大田《テジョン》の戦いに巻き込まれ

韓国海軍の掃海艇。元山沖で掃海中に機雷に接触した。日本の特別掃海隊もこの海域で掃海し、機雷に接触する事故に見舞われた

た。同じくカービン銃を持たされた12歳の少年は、「4、5人は殺したと記憶している」と証言。「15〜20人は殺害した」「たくさんの人を殺した」と語った日本人もいる。**記録では従軍日本人の死者1名、行方不明者1名**。物故者の死亡証明書には「朝鮮半島の戦闘で殺された」と記載されている。

ただ文書に「無許可輸送」とあることから、**アメリカ軍の公認ではなく米兵が個人的に日本人を連れていった可能性が高い**。渡航者の大半は、口外しない旨の誓約書に署名をしていた。

強制されたわけではないにしろ、少年たちが断るのは容易ではなかったと思われる。従わなければ、彼らは米軍基地での仕事を失ったかもしれない。18人の少年たちの中には戦争孤児もおり、失職すれば死活問題だ。戦地に赴いた少年たちは、そんな厳しい立場に置かれていたのである。

参考文献

『戦争の日本史2　壬申の乱』倉本一宏著（吉川弘文館）
『戦争の日本史17　関ヶ原合戦と大坂の陣』笠谷和比古著（吉川弘文館）
『戦争の日本史19　日清戦争』原田敬一著（吉川弘文館）
『戦争の日本史20　世界史の中の日露戦争』山田朗（吉川弘文館）
『戦争の日本史21　総力戦とデモクラシー　第一次世界大戦・シベリア干渉戦争』小林啓治著（吉川弘文館）
『戦争の日本史23　アジア・太平洋戦争』吉田裕・森茂樹著（吉川弘文館）
『黒田官兵衛　作られた軍師像』渡邊大門著（講談社）
『誰も書かなかった　黒田官兵衛の謎』渡邊大門著（中経出版）
『陰謀の日本中世史』呉座勇一著（ＫＡＤＯＫＡＷＡ）
『紫電改の六機』碇義朗（光人社）
『源田の剣　米軍が見た「紫電改」戦闘機隊全記録』高木晃治・ヘンリー境田著（双葉社）
『歴史群像デジタルアーカイブス〈武田信玄と戦国時代〉頓挫した美濃攻略　信玄の誤算』平山優著（学研パブリッシング）

『歴史群像デジタルアーカイブス〈豊臣秀吉と戦国時代〉荒武者！秀吉軍団　賤ヶ岳七本槍と池田恒興』渡辺誠著（学研パブリッシング）
『武田信玄　伝説的英雄像からの脱却』笹本正治著（中央公論新社）
『織田信長　戦国時代の「正義」を貫く（中世から近代へ）』柴裕之著（平凡社）
『足利尊氏』森茂暁著（KADOKAWA）
『兵站　重要なのに軽んじられる宿命』福山隆著（扶桑社）
『日本陸海軍はなぜロジスティクスを軽視したのか』谷光太郎著（パンダ・パブリッシング）
『牟田口廉也「愚将」はいかにして生み出されたか』広中一成著（星海社）
『太平洋戦争 日本の敗因4　責任なき戦場インパール』NHK取材班編（KADOKAWA）
『海戦からみた日清戦争』戸高一茂著（角川書店）
『鎌倉時代　公武関係と六波羅探題』木村英一著（清文堂出版）
『真田幸村と真田丸　大坂の陣の虚像と実像』渡邊大門著（河出書房新社）
『後醍醐天皇　南北朝動乱を彩った覇王』森茂暁著（中央公論新社）
『信長と将軍義昭　連携から追放、包囲網へ』谷口克広著（中央公論新社）
『中世武士選書40　足利義昭と織田信長　傀儡政権の虚像』久野雅司著（戎光祥出版）
『平清盛と後白河院』元木泰雄著（KADOKAWA）

『後白河法皇』河合敦著（幻冬舎）
『日露戦争　20世紀最初の大国間戦争』横手慎二著（中央公論新社）
『『坂の上の雲』の幻影　〝天才〟秋山は存在しなかった』木村勲著（論創社）
『東郷平八郎』田中宏巳著（吉川弘文館）
『日本海海戦の真実』野村實著（吉川弘文館）
『乃木希典と日露戦争の真実　司馬遼太郎の誤りを正す』桑原嶽著（ＰＨＰ研究所）
『名将乃木希典と陸軍の陥穽』鈴木荘一著（さくら舎）
『特攻戦艦大和　その誕生から死まで』吉田俊雄著（光人社）
『最後の特攻機　覆面の総指揮官宇垣纏』蝦名賢造著（中央公論新社）
『日本陸軍暗号の敗北　鉄壁の暗号はなぜ破られたか』伊藤秀美著（紫峰出版）
『足利尊氏再発見　一族をめぐる肖像・仏像・古文書』峰岸純夫・江田郁夫編（吉川弘文館）
『観応の擾乱　室町幕府を二つに裂いた足利尊氏・直義兄弟の戦い』亀田俊和著（中央公論新社）
『斗南藩「朝敵」会津藩士たちの苦難と再起』星亮一著（中央公論新社）
『戦況図解 戊辰戦争』木村幸比古監修（三栄書房）
『奥羽越列藩同盟　東日本政府樹立の夢』星亮一著（中央公論新社）
『日中戦争への道　満蒙華北問題と衝突への分岐点』大杉一雄著（講談社）

『決定版　日中戦争』波多野澄雄・戸部良一・松元崇・庄司潤一郎・川島真著（新潮社）
『日中戦争　殲滅戦から消耗戦へ』小林英夫著（講談社）
『保元・平治の乱　平清盛勝利への道』元木泰雄著（ＫＡＤＯＫＡＷＡ）
『ここが変わった！日本史の定説』スタンダーズ編（インターナショナル・ラグジュアリー・メディア）
『承久の乱　日本のターニングポイント』本郷和人著（文藝春秋）
『日独伊三国同盟の起源　イタリア・日本から見た枢軸外交』石田憲著（講談社）
『満州事変と政党政治　軍部と政党の激闘』川田稔著（講談社）
『新編日本古典文学全集54 太平記1』長谷川端訳（小学館）
『日本の歴史9　南北朝の動乱』佐藤進一著（中央公論新社）
『加藤清正（シリーズ・織豊大名の研究第二巻）』山田貴司編著（戎光祥出版）
『天下分け目の関ケ原の合戦はなかった』乃至政彦・高橋陽介著（河出書房新社）
『新解釈関ヶ原合戦の真実　脚色された天下分け目の戦い』白峰旬著（宮帯出版社）
『シベリア抑留　スターリン独裁下、「収容所群島」の実像』富田武著（中央公論新社）
『日本古代の歴史2　飛鳥と古代国家』篠川賢著（吉川弘文館）
『県史シリーズ46　鹿児島県の歴史』原口虎雄著（山川出版社）
『鳥羽伏見の戦い　幕府の命運を決した四日間』野口武彦著（中央公論新社）

『明治維新とは何だったのか』一坂太郎著（創元社）
『天皇の暗号』大野芳著（学研プラス）
『日本の歴史4　天平の時代』栄原永遠男著（集英社）
『0から学ぶ「日本史」講義　古代編』出口治明著（文藝春秋）
『ここがすごい！藤原氏』中丸満著（洋泉社）
『検証・真珠湾の謎と真実―ルーズベルトは知っていたか』秦郁彦編（PHP研究所）
『真珠湾〈奇襲〉論争』須藤眞志著（講談社）
『関ヶ原合戦は「作り話」だったのか』渡邊大門著（PHP研究所）
『関ヶ原銘々伝』小松島六合著（ソフトバンククリエイティブ）
『関ヶ原前夜　西軍大名たちの戦い』光成準治著（NHK出版）
『歴史を読み解く：さまざまな史料と視角』服部英雄著（青史出版）
毎日新聞

彩図社好評既刊本

最新研究でここまでわかった
戦国時代 通説のウソ

日本史の謎検証委員会 編

「織田信長は人を信じすぎてよく裏切られた」「信長より前に天下人がいた」「関ヶ原の戦いは通説よりも早く終わっていた」「武田家は当主の力が弱かった」など、これまでの研究で変化した戦国時代の新常識を、48の項目を通じて紹介。ドラマや小説の世界とは異なる、戦国時代のリアルな姿が見えてくる一冊。

ISBN978-4-8013-0341-6　B6判　本体880円+税

カバー画像
上：真珠湾において炎上するウェストバージニア
左上：行進中の日本兵
左下：「石橋山の朽木に霊鳩頼朝を助く」『大日本歴史錦絵』国会図書館所蔵
右上：「太平記之内 本応寺大合戦之図」
右下：真珠湾において爆撃を受けたアメリカの戦艦

最新研究でここまでわかった
日本の戦争史 通説のウソ

2021年9月22日第1刷

編者　日本史の謎検証委員会
制作　オフィステイクオー（執筆協力：高貝誠）
発行人　山田有司
発行所　株式会社　彩図社《さいずしゃ》
〒170-0005
東京都豊島区南大塚3-24-4　MTビル
TEL 03-5985-8213　FAX 03-5985-8224
URL：https://www.saiz.co.jp
Twitter：https://twitter.com/saiz_sha
印刷所　シナノ印刷株式会社

ISBN978-4-8013-0548-9　C0021